리저널리즘

REGIONALISM
by Tetsushi Marukawa

ⓒ 2003 by Tetsushi Marukawa
Originally published in Japanese by Iwanami Shoten, Publishers, Tokyo, 2003.
This Korean language edition published in 2008
by Greenbee Publishing Company, Seoul
by arrangement with the proprietor c/o Iwanami Shoten, Publishers, Tokyo.

리저널리즘: 동아시아의 문화지정학

초판 1쇄 인쇄 _ 2008년 9월 20일
초판 1쇄 발행 _ 2008년 9월 25일

지은이 · 마루카와 데쓰시 | 옮긴이 · 백지운, 윤여일

펴낸이 · 유재건 | 주간 · 김현경 | 책임편집 · 박순기
편 집 · 주승일, 박재은, 강혜진, 임유진, 진승우
마케팅 · 이경훈, 이은정, 정승연, 서현아
영업관리 · 노수준 · 경영지원 · 양수연 · 유통지원 · 조동규

펴낸곳 · 도서출판 그린비 | 등록번호 · 제10-425호
주소 · 서울시 마포구 동교동 201-18 달리빌딩 2층 | 전화 · 702-2717 | 팩스 · 703-0272

ISBN 978-89-7682-712-8 04300
      978-89-7682-972-6 (세트)
이 도서의 국립중앙도서관 출판시 도서목록(CIP)은 e-CIP 홈페이지(http://www.nl.go.kr/ecip)에서
이용하실 수 있습니다.(CIP제어번호: 2008002691)

이 책의 한국어판 저작권은
岩波書店과 독점계약한 도서출판 그린비에 있습니다.
저작권법에 의해 한국 내에서 보호를 받는 저작물이므로 무단 전재와 무단 복제를 금합니다.
책값은 뒤표지에 있습니다. 잘못 만들어진 책은 서점에서 바꿔 드립니다.

그린비 출판사 나를 바꾸는 책, 세상을 바꾸는 책
홈페이지 · www.greenbee.co.kr · 전자우편 · editor@greenbee.co.kr

아이아 총서 003

동아시아의 문화지정학
리저널리즘

마루카와 데쓰시 지음
백지운 · 윤여일 옮김

REGIONALISM

그린비

한국어판 서문

리저널리즘(regionalism)이라는 말을 굳이 번역하자면 '지역주의'가 될 것입니다. 그럴 경우 한국에서는 전라도와 경상도의 지역갈등을 가리키는 특수한 용어로 읽힐 가능성이 크겠지요. 이 책에서 제시한 리저널리즘은 그런 맥락보다 좀더 넓은 개념입니다. 그러나 그 '넓이'는 공간의 크기를 의미하지 않습니다. 말하자면 이렇습니다. 민족국가든 공동체든, 어떤 공동체의 구성원 사이에 '우리'라는 의식이 배태되는 '장'(場)을 사상적으로 파고들고자 할 때, 어느 특정한 학문틀로는 대응할 수 없다는 점, 한 가지 학문분야만으로는 충분히 다룰 수 없다는 점을 직감하게 됩니다. 원래 역사학, 경제학, 정치학, 철학 등과 같은 학문의 골격은 유럽세계의 문맥 속에서 분화, 발전해 온 것입니다. 그러나 우리 비서구인은 처음부터 그 학문들을 제각기 수용할 수밖에 없었습니다. 분석을 위한 이론적 장치는 서구에서 들여왔지만 분석의 대상인 '장'은 우리 자신이라는 분열 상태가 잠재해 있습니다. 그래서 우리는 인식 대상을 이해하는 동시에 대상을 이해하기 위한 인식론을 만들어 내야 하는 상황에 처하게 됩니다. 그런 의미에서 리저널리즘이란, 아직 충분히 무르익지 않았지만, 그런 '우리' 의식이 만들어지는 '장'의 내력을 속속들이 파헤치고 감지하기 위한 방법의식이라고 이해해 주시면 좋겠습니다.

또 한 가지, 일본에서 나온 이 책이 한국어로 번역되는 데는 분명 오늘날 부상하고 있는 '동아시아'라는 지역적 틀이 그 배경으로 깔려 있음을 미리 밝혀 둬야 할 것 같습니다. 그러나 거듭 말씀드리지만, 우리에게 애초부터 '동아시아'라는 것이 존재하고 있었다는 말은 아닙니다. '아시아'라는 것이 서양의 시선 끝자락에 있던 공간이었음을 우리는 부정할 수 없습니다. 유럽인에게 '아시아'는 해가 뜨는 지역을 의미했던 것 같습니다. 이 책만 해도 프랑스 사상가 미셸 푸코에 대한 언급으로부터 출발하고 있습니다. 우리가 사물을 깊이 관찰하고자 할 때 서양의 틀에서 출발할 수밖에 없음은 이미 부정하기 힘든 현실입니다. 그러나 다른 측면에서, 우리가 서양적인 것에 '저항'한다 함은 서양이 만든 것 속으로 깊숙이 파고들어가 그 틀을 흔드는 일일지도 모르겠습니다. 흥미롭게도 서양적 사유의 화신으로 간주되는 헤겔은 『역사철학강의』에서 세계를 지역별로 서술할 때 유럽에서 가장 먼 '동양세계'로부터 시작했습니다. 게다가 '동양세계' 중에서도 가장 먼저 중국을 다뤘습니다. 왜 중국이었는지는 일단 접어 두고라도, 무엇보다 흥미로운 대목은 중국이 유럽보다 오랜 역사를 지니고 있음을 인정하면서도 바로 몇 줄 뒤에서 중국에는 역사의 역동성이 존재하지 않는다고 잘라 말했다는 사실입니다. 헤겔에게, 다시 말해 서양인에게 '동양세계'가 그러한 시선 하에 배치된 것은 어떤 의미에서 쉽게 이해할 수 있습니다. 그러나 보다 흥미로운 점은 19세기 후반 '동아시아'의 '근대'가 서양 열강의 도래에 이르러 개시되었다는 사실, 즉 서양과의 관계에서 '동아시아'가 처음으로 세계사 속으로 편입되었다는 사실입니다. 헤겔의 견취도(見取圖 ; 건물 따위의 모양이나 배치를 알기 쉽게 그린 그림)는 그렇게 수행적(遂行的)으로 실현되었습니다.

그러한 의미에서도 '아시아', '동아시아'라는 지역 개념은 애초부터 실체로서 존재했던 것이 아니라, 좋든 싫든 외부 작용의 결과로 성립한 것임을 항상 염두에 두어야 합니다. 이를테면, 오늘날 우리가 이야기하는 '동아시아' 역시 세계 냉전구조의 와해(미·소 대립의 종식) 속에서 부상한 포스트냉전적 틀이라는 것 역시 부정할 수 없는 사실입니다. 냉전 전후만이 문제가 아닙니다. 근대 이전의 지반인 유교문화권, 한자문화권 혹은 중국 왕조를 중심으로 한 조공책봉체제를 '동아시아'의 모체로 생각해 보는 것도 꼭 틀렸다고는 할 수 없습니다. 그러나 그뿐이라면 어려울 것도 없겠지요. 문제의 복잡성은 서양 열강이 도래한 19세기 중반부터 지금의 냉전지도가 성립(1950년대)하기까지 일본이 수행한 역할에 있습니다. 특히 한반도와 대만에서 '근대'가 일본에 의해 (부분적으로) 대행되었다는 점은 실로 까다로운 역사적 경위로 남아 있습니다. 또한 그 속에서 자란 '아시아'에 이른바 일본의 아시아주의자들이 특수한 어감을 가한 경위까지 총괄하는 일도 몹시 곤란한 사상 과제겠지요. 말하자면, 일본의 국가체제가 '탈아'(脫亞)를 향하면서도 '흥아'(興亞)의 목소리를 냈다는 것은 기존의 분석 개념으로는 다루기 힘든 독특한 사상적 현상이 아닐까요.

하나 더 짚어 둘 점이 있습니다. 19세기 중반부터 20세기 중반에 걸친 여러 위기는 결코 오늘날 우리가 말하는 '동아시아' 내부로 국한

해서 처리할 수 없습니다. 러시아와 미국과의 역사적 관련을 빼놓아서는 안 되죠(중국의 경우 영국도 그 중요한 행위자였습니다). 일본 아시아주의자(그리고 일본의 육군)의 최대의 관심사는 당시 러시아의 정세였습니다. 일본 해군에게는 미국이 가상의 적이었죠. 어쨌든 20세기 전반부터의 '동아시아' 전쟁의 위기나 민족운동 혹은 혁명을 생각할 때도 러시아(소련)와 미국은 빼놓을 수 없는 행위자였습니다. 그런 의미에서 러시아가 오늘날 '동아시아'라는 사고 속에 거의 들어 있지 않은 것은 실로 이상한 일입니다. 또한 '동아시아' 논의 속에 미국을 어떻게 위치지을 것인지도 여전히 모호한 문제로 남아 있습니다. 우리가 '동아시아'를 논하면서 러시아(소련)와 미국 등의 존재를 도외시한다면, 정치성은커녕 역사성마저 결여한 어중간한 리저널리즘으로 전락하고 말 겁니다. 1부 1장의 서두에서도 밝혀 두었습니다만, 지역(region)의 어원은 군사적인 의미를 배경으로 하는 '통치'(regime)와 깊이 관련되어 있습니다. 지역적 사고란 애당초 정치적 차원을 포함합니다. 그때 리저널리즘이란 일국에 갇힌 정치사나 정치학적 패러다임을 넘어 지역적 유동성을 전제로 삼는 공간 감각이자, 이른바 오늘날의 국제관계론, 국제정치학 속에서 무시되곤 하는, 역사적으로 깊이 누적된 구조적 연관성을 찾아내는 역사 감각을 말합니다.

마지막으로 우리 '동아시아' 150년간의 역사를 돌아보건대 이런 이야기를 할 수 있을 것입니다. 19세기 후반에는 일본의 메이지유신이 '동아시아' 전체에 커다란 사상적 자극을 안겼습니다. (나중에 알게 된 사실입니다만) 20세기 전반, 중국혁명은 '동아시아'에 구조적인 변동을 가져온 주된 동인이었습니다. 그리고 20세기 후반에는 한국(혹은 대만)의 경제성장 및 그와 연동한 '민주화' 운동이 '동아시아'를 이끌었습니다. 한국(혹은 대만)의 '민주화' 운동은 과거의 군사독재로 역행하지 않을 토양을 일궈 냈다는 점에서 하나의 역할을 완수했다고도 말할 수 있겠죠. 그렇다면 목하 21세기 전반, 동아시아 구조적 변동의 기점은 어디이며, 그것은 또한 어떻게 시작되고 있을까요. 아직 분명한 윤곽을 그릴 수는 없습니다. 아마도 경제성장과 함께 발언권을 높이고 있는 중국이 '동아시아'와 맺게 될 관계가 주요한 기조를 이룰 것임엔 틀림이 없습니다. 거기에 북조선 및 대만 해협과 관련된 어떤 변동들도 일어나겠죠. 덧붙이면, 거기에 일본이 어떻게 얽혀 들어갈지 주의 깊게 관찰할 필요가 있습니다(물론 거기에는 지역적 의미에서 오키나와의 변화도 있을 것입니다). 아직 분명한 형태를 갖추지 않은 '동아시아'의 커다란 변동을 앞두고, 우리의 지역적 감각을 연마해 가는 것이 바로 지금 우리의 과제가 아닐까 생각합니다.

:: 차례

한국어판 서문 5
들어가며 13

1부 방법으로서의 '리저널리즘'

1장_개념 및 문제 설정 17
'리저널리즘', 어떻게 활용할 것인가? 17 | 역사에 '공간' 도입하기 20 | 유럽—세계사를 상대화하다 26

2장_전쟁, 혁명, 식민지 31
공간혁명 31 | '진보'의 바깥으로 34 | 표상의 지배, 공간의 분할 41

소결_지역적인 것의 재편성 49

2부 원한에 맺힌 지역 — 일본과 아시아

1장_일본과 아시아의 현재성을 규정하는 것들 57
일본인에게 보이지 않는 '아시아' 57 | 전전(戰前) 일본의 공간인식 61 | 전후 일본의 '독립'과 '종속' 71 | 냉전체제와 포스트워/포스트콜로니얼의 상황 84

2장_여백의 아시아, 귀환하는 아시아 97
'전후'의 동아시아 97 | 냉전/탈냉전 100 | 동아시아의 현재성 106 | 지역적인 것과 책임의식 117

3부 동아시아, 유동하는 역사의 자장

1장_ '일중전쟁'이라는 문화공간―저우쭤런(周作人)과 다케우치 요시미(竹內好) 125
들어가며 125 | 만남과 엇갈림 129 | 저우쭤런의 사상전략 134 | 베이징에서 다케우치 요시미의 행동과 사상 138 | 좌절 저편에 있는 것 144

2장_ 왕복하는 '눈' 혹은 '냉전' 여행―뤼다오에서 베이징으로 149
시작하며―도깨비 깃발 149 | 뤼다오에서 151 | 대만의 사회주의자 155 | 베이징에서 161 | 결론을 대신하여―동아시아의 심정지도를 찾아 165

3장_ 한국전쟁으로 돌아가라!―제2차 한국전쟁과 '핵'에서 벗어나는 힘 169
히로시마 평화기념자료관에서 169 | 한국전쟁의 사이클 173 | 중국의 핵실험에서 178 | '핵'과 국가 184

후기 193
참고문헌 198
옮긴이 후기 205
찾아보기 211

| **일러두기**

1 이 책은 마루카와 데쓰시(丸川哲史)의 『リージョナリズム』(岩波書店, 2003)을 완역한 것이다. 단, 이 책의 3부는 마루카와 데쓰시의 논문 세 편을 추가로 번역하여 구성했다. 3부 1장 「'일중전쟁'이라는 문화공간—저우쭤런(周作人)과 다케우치 요시미(竹內好)」는 『開放時代』 2006년 제1기에 실린 글이며, 2장 「왕복하는 '눈' 혹은 '냉전' 여행—뤼다오에서 베이징으로」는 『現代思想』 2006년 9월호에, 3장 「한국전쟁으로 돌아가라!—제2차 한국전쟁과 '핵'에서 벗어나는 힘」은 『現代思想』 2007년 2월호에 실린 글이다.

2 각주의 대부분은 옮긴이 주이며, 지은이 주의 경우 각주 끝에 '—지은이'라고 표기하여 옮긴이 주와 구분했다.

3 외국의 인명이나 지명, 그리고 작품명은 〈국립국어원〉에서 2002년에 펴낸 '외래어 표기법'에 근거해 표기했다.

4 단행본·전집·정기간행물·영화 등에는 겹낫표(『 』)를, 논문·단편·선언문 등에는 낫표(「 」)를 사용했다.

들어가며

1980년대 후반 전세계 냉전구조의 붕괴에 의해 이른바 서구자본주의 진영의 '승리'가 확실시되었다. 그와 함께 이후 세계질서의 재편 과정에서 세계화(globalization)라 불리는 현상이 요란스럽게 논의되기 시작했다. 세계화는 필시 냉전체제가 지탱해 온 기성의 정치·경제·문화 질서를 해체하지 않을 수 없으리라. 그 와중에 냉전구조를 떠받치고 전제삼아 온 20세기 후반기 국민국가체제의 자명성이 흔들리고 있다. 즉 냉전구조란 미국과 소련이라는 두 초강대국이 자신의 동맹국들을 대항적으로 결속시킴으로써 (냉전) 국가체제를 효과적으로 가동시켜 온 시스템을 말하며, 그런 시스템이 이제 다양한 측면에서 도전을 받고 있다.

　탈냉전화와 함께 EU가 부상하고 동(남)아시아 경제공동체가 구상되는 등, 지역주의를 기조로 하는 사고가 널리 확산되고 있는 듯하다. 이 글의 의도 역시 현재 진행중인 이러한 움직임, 즉 세계화와 그 반작용으로서 나타난 반(反)세계화 혹은 그와 평행 관계에 있는 지역화(regionalization)와 무관하지 않다. 그런 가운데, 오늘날 리저널리즘

(regionalism)의 역사적·문화적 근거로서 전(前)근대적 역사지층에 대한 관심이 높아지고 있다. EU권에서는 로마제국까지 거슬러 올라가 문화적 일체성의 가능성을 거론하고, 동아시아에서는 아시아 자본주의에 기여한 유교문화를 재평가하려는 시도가 그러한 예이다. 그런 의미에서 '리저널리즘'이라 명명한 이 책 역시 근대 이전의 역사지층을 간과할 수 없다. 하지만 근대 이전 전세계 여러 제국들이 각자 독자적인 체계를 갖추고 있었다는 식의 정태적 설명으로는 오늘날의 착종된 상황에 실질적으로 대응할 수 없을 것이다.

1648년 베스트팔렌조약(Peace of Westfalen) 체결 이후 유럽을 중심으로 하는 국가간체제가 성립되었다. 그리고 그와 동시에 유럽은 타 지역을 식민화하고 자신과 비유럽지역을 인식론적·존재론적으로 분할하는 독자적인 지역구도를 그려 왔다. 그런 의미에서 나는 근대세계 질서의 형성 과정을 재서술하기 위한 하나의 보조선으로서 리저널리즘을 작동시킬 것이다. 1부에서는 유럽 근대의 확장 과정을 비판적 관점에서 풀어내는 데 비중을 두고, 2부에서는 비유럽지역인 동아시아를 하나의 '지역'(region)으로 설정함으로써 근대 일본의 굴절된 '근대' 수용 방식, 나아가 전후 냉전구조 하 일본의 위치를 비판적으로 검토하고자 한다.

1
방법으로서의 '리저널리즘'

1장_개념 및 문제 설정

1. '리저널리즘', 어떻게 활용할 것인가?

'리저널리즘'이라는 개념은 대개 어떻게 사용되는가. 근대 정치학에서 이 개념이 주로 국가 내부의 지역분권제를 거론할 때 등장한다는 사실에 이의를 달 여지는 없는 듯하다. 하지만 '지역' 혹은 '지역적 특징'과 같은 모호한 사전적 의미만으로는 뭔가 부족하다는 인상을 지우기 힘들다. 직관적으로 말해 그 말에는 **근대세계를 서술하며 구성하는 단위인 국민국가-국가간체제로부터는 도출해 낼 수 없는 무엇이 담겨 있다**고 생각한다.

여기서 주의해야 할 것은 국민국가 안의 '리저널리즘', 혹은 국민국가 바깥의 '리저널리즘'이라는 기계적인 구분 역시 문제의 핵심을 놓치게 되리라는 점이다. 물론 '리저널리즘'을 다루면서 기존 단위인 국민국가와의 인접 관계 내지 참조 관계를 완전히 차단하기란 불가능하다. 또한 '리저널리즘'은 1648년 베스트팔렌조약으로 국가간체제가 발명되기 이전에 세계를 규정하고 있던 '제국', 그리고 어떤 의미에서는 고전적인 국가간체제에 대한 도전이라고도 할 '제국주의' 같은 역사적 장치와도 긴밀하게 뒤얽혀 있음을 부정할 수 없다. 여기서 최소한 짚어 둬야 할 것은 '리저널리즘'과 이른바 대척을 이루는 국민국가라는 것이 역사적 한정성을 지니는 체제였다고는 하나, 수세기에 걸쳐 비서구사회를 포섭했던 만큼 어떤 실체성을 갖는 장치였다는 사실이다. 따라서 우리는 국민국가를 단순한 관찰 대상을 넘어, 사물을 말하는 주어로서 인식하지 않으면 안 된다.

물론 국민국가를 극복하고자 했던 여러 운동이 일찍부터 있었고 현재도 그러한 시행착오가 진행되고 있다는 점 그리고 그 운동이 실패했지만 부분적으로 성공했다는 점에 대해, 우리는 잘 알고 있다. 국민국가라는 틀이 우리의 삶 속에 실정성(positivity)[1] 그 자체가 되었다 할지라도, 우리는 그 틀 자체의 규정과 한계를 품고 있는 세계 속에 살고 있는 것이다. 그렇기에 우리는 국민국가의 규정과 한계를 피부로 느끼며 살아가고 있는 우리의 세계인식이 어떻게 성립했는지를 새로운 각도에서 조망할 필요가 있다. 여기서 '리저널리즘'이라는 말을 새롭게 개념화할 수 있으며 또 그로부터 어떤 가능성을 기대할 수 있지 않을까. 그런 의미에서 보자면, 지금 '리저널리즘'이라는 개념으로 무언가를 말한다고 그것이 곧 국민국가에 대한 비판이 되지는 않는다. 당연한 이야기지만 성급하게 '리저널리즘'을 주어로 삼아 말하는 것이 가능하지 않다는 것을 나 역시 알고 있다.

---

1) 미셸 푸코가 사용한 개념. 실정성은 인식의 전제로서 기능하기 때문에 그 자체로는 설명이 요구되지 않고 오히려 다른 사물을 설명하기 위해 끊임없이 인용되며, 그럼으로써 마치 실재하는 것처럼 여겨진다.

여기서 나는 하나의 보조선을 도입해 보고자 한다. 근대과학, 즉 병리학적인 해부학·언어학·경제학·생물학 등의 출현을 '고고학' 적으로 해부한 미셸 푸코(Michel Paul Foucault)의 『지식의 고고학』(*L'archéologie du savoir*, 1969)은 공간인식을 둘러싼 담론편제에 관해서도 많은 시사점을 제공해 준다. 푸코가 '고고학' 적 작업으로 드러내고자 했던 담론편제란 대상이나 방식, 혹은 개념이나 주제로 정의될 수 없는 무엇으로, 여러 단편들의 무질서한 확산으로 보이지만 결국에는 통제로 귀착되는 무의식적 연관체계다. 이를테면, 공간인식에 관한 담론편제로서 지리학의 계보가 실은 군사 및 법 제도의 역사와 인접관계에 있다는 사실은 중요한 의미를 지닌다. 다시 말해 '영역' (domain)은 '사법적·정치적 개념으로서의 공간' 이라는 의미를 지니며, '지평' (horizon)은 '회화(繪畵)적 용어인 동시에 군사전략상의 공간 규정' 을 뜻한다. 게다가 '지방' (province)이란 단어에는 '정복할 수 있는' (vincible)이라는 성분이 담겨 있다. 그렇다면 우리의 관심인 '지역' (region)은 어떠한가. '지역'의 어원은 동사 '통치하다' (reign)로부터 파생된 체제(regime) 및 군사관리구역(regiment)에 해당한다. 달리 말해, 지역이라는 말에서 정치적·군사적 지배 및 통제의 어감을 떼어 내기란 어려우며, 그 점을 배제하거나 망각한 채 '리저널리즘' 을 논하거나 '리저널리즘' 을 통해 무언가를 말해서는 안 된다는 것이다.

다만, 우리의 공간인식을 '지역'을 축으로 부각시켜 그 속에 들어 있는 지배와 통제의 어감을 이끌어 낸다 하더라도, 이 말에는 여전히 느슨하게나마 근대 이전이라는 시간의 '그림자'가 드리워져 있다. 따라서 근대의 정치·군사적 관점을 과도하게 적용하는 것은 삼가야겠다. 이 모두를 고려한다 해도 '지역'(region)을 하나의 주의(ism)로서 방법화하는 작업에 어떤 생산성이 있다면 그것은 대체 무엇일까? 한 가지 말할 수 있는 것은 '지역'이라는 방법에 대한 관심은 틀림없이 지리공간(아울러 문화공간)의 경계를 확정하는 문제로 집중되리라는 사실이다. 그로써 자타를 가르는 경계를 영구한 것으로 상정하지 않고, 그 경계 설정을 광의의 지적·전략적 활동의 일환으로 다룰 수 있게 될 것이다.

2. 역사에 '공간' 도입하기

20세기 중반에 이르자 국민국가-국가간체제를 전제로 유럽 근대사를 서술해 온 기존의 방식에서 무엇이 누락되었는지를 추궁하는 움직임이 등장했다. 거기에는 역사서술의 대부분이 국민국가 성립 이후의 국사나 외교사로 이루어진 데 대한 불만이 있었을 것이다. 이런 의미에서 아날학파의 대표적 논객 페르낭 브로델(Fernand Braudel)이 역사서술에 도입한 지역적 사유틀은 '리저널리즘'을 방법으로 삼는 데 의미심장한 시사점을 제공한다. 브로델은 1990년대 이후 일본에도 활발히 소개되었으며, 그의 대작 『지중해』(*La Méditerranée et le Monde Méditerranéen à l'époque de Philippe II*, 1949)는 편년체 역사서술 양식을 무너뜨렸다는 점에서 높은 평가를 받았다. 여기서는 우선 이 저작에 기대어, 역사서술에 '공간'을 도입함으로써 기도하는 바가 무엇인지 찾아보겠다.

『지중해』는 크게 세 개의 역사층을 설정하고 있다. 하나는 거의 움직이지 않는 역사로서, 인간에 대항하는 환경과 인간과의 관계를 서술하는 구조사의 층이다. 다음으로는 완만한 리듬을 갖는 '변동국면사'로서, 경제 동향을 중심으로 하는 사회사의 층이 자리한다. 그리고 마지막으로 인물의 결단이나 역사적 사건을 다루는, 전통적인 의미에서 사건사의 층이 놓인다. 어떤 면에서 이런 서술 전략은 역사의 전체성을 지향한다는 점에서 맑스주의 역사관과 닮았다. 맑스주의 역사관과 아날학파의 유사성에 관해서는 이매뉴얼 월러스틴(Immanuel Wallerstein)이 아날학파가 융성했던 이유를 냉전체제 하의 유럽 상황과 결부지어 설명한 적이 있다. 월러스틴은 냉전 기간 동안 이데올로기구조의 한 축이었던 맑스주의가 교조화의 극에 달하면서, 사회주의로의 이행이라는 목적론적 서술이 문제시되었다고 지적한다. 추측건대 아날학파의 역사관은 냉전기를 통해 교조화된 맑스주의 역사관의 공백을 메우는 측면이 있었다는 것이다. 하지만 여기서는 이런 측면보다 곧바로 브로델의 역사서술의 특징에 대해 다루기로 한다.

　『지중해』를 읽으면 브로델이 두번째 역사층인 '변동국면'의 역사를 서술하는 데 가장 심혈을 기울였음을 알 수 있다. 브로델은 사건사의 층을 두고 "사건들은 먼지다"라고 말했고, 또한 장기파동을 갖는 구조사(환경사)의 층에 대해서도 "현자들의 시간"일 뿐이라고 표현했다. 브로델이 『지중해』에서 다루는 역사는 대략 16세기 후반으로 한정되어 있는데, 이 시기는 스페인을 위시한 서구사회가 그 경제적 이해-관심(interest)을 대서양 건너편으로 옮긴 '대항해 시대'의 한복판이자, 지중해가 '세계사'의 중심이기를 그치는 순간이었다. 확실히 그 순간을 포착해 냈기에 브로델은 '지중해'라는 윤곽을 확정할 수 있었고 안정적으로 서술할 수 있었다. 다시 말해 서구사회가 대서양 건너편으로 관심을 이동하는 것이 근대 제국주의의 여명이라고 한다면, 거기에 아슬아슬하게 접근하면서도 함부로 발을 들이지 않음으로써 '지중해'를 설정하는 것, 이런 전략을 어떻게 평가해야 할까. 실로 만만치 않은 과제다.

    문제는 브로델이 말했듯, 지중해가 '세계사'의 중심이길 멈출 때 '바깥'이라는 요소가 '변동국면사'에서 실로 중요하게 다루어졌다는 점이다. 브로델은 1580년대 이후 지중해의 헤게모니구조가 균형을 잃게 된 요인으로, '신대륙' 정복으로 귀금속이 폭발적으로 유입되었다는, '바깥'에서 온 역사적 '우연'을 비중 있게 다루고 있다. 이후 스페인을 중심으로 지중해에서 벌어진 대규모 전쟁 역시 대서양을 둘러싼 이권 문제가 그 배경에 놓여 있다. 이러한 동향의 이면이라고도 할 수 있을 텐데, 또다른 지중해세계의 패자인 투르크는 그 무렵 관심의 눈길을 거꾸로 아시아(내륙)로 돌렸다. 그러나 여기서 우리는 브로델이 '신대륙'의 '발견'이라는 대사건을 왜 '우연'으로 서술했는지 그 의미를 묻게 된다. 브로델이 제시한 서술 방식의 가치는 단지 역사에 공간이라는 계기를 도입했다는 데 있지 않다. 거기에는 논쟁적인 문제제기가 담겨 있다. 결론부터 말하자면 브로델은 직선적 과정으로 서술되곤 하던 자본주의의 단계적 발전구도에 저항을 품고 있었다. 역사에 '공간' 도입하기라는 모티프가 브로델의 시도의 A면을 이룬다면, 그 B면에는 근대자본주의의 세계사적 전개에 '우연성'을 도입하겠다는 모티프가 자리하고 있다. 여기서 '신대륙 발견'에 의해 새롭게 생겨난 시각(perspective)으로서 '세계사'로의 이행이, 구체적으로 획을 긋게 된다. 하지만 이런 서술은 어디까지나 '지중해'라는 틀을 설정하지 않았다면 가능하지 않았을 시공간적 배치였다. 브로델은『지중해』의 서장에서 다음과 같이 말한다.

> 공간적 틀을 어떻게 설정할 것인지를 가장 먼저 다뤄야 한다. 이 경계의 문제로부터 필연적으로 다른 모든 문제가 불거져 나온다. 즉 경계를 설정한다는 것은 정의하고 분석하고 재건하는 일이며, 또 이 책에서 그것은 하나의 역사철학을 선택하는 것이자 채택하는 일이기도 하다.

결국 브로델은 지역적인 것의 변용, 즉 경계 설정의 재편성을 에피스테메(épistémè)의 전환으로 다룸으로써, 역사의 불연속성이라는 푸코의 테마에 접근하고 있다. 이때 주목해야 할 것은 브로델이 첫째 층인 부동의 시간도 셋째 층인 사건사의 시간도 아닌, 지역적인 것의 재편성, 달리 말해 지중해세계의 안팎을 관통하는 '변동국면'에 초점을 맞추고 있다는 사실이다. 이 대목은 앞서 말했던 역사의 불연속성이라는 주제와 닿아 있다. 나아가 그 저변에는 푸코가『지식의 고고학』에서 언급했던 바 근대과학이 성립하는 장으로서의 담론편제에 대한 실천적 개입이 있었다고도 할 수 있겠다. '지중해'라는 틀을 도입했기에 '세계사'는 오히려 비판적으로 분절되었던 것이다.

앞서 지적했듯이 브로델에게는 지역성 이외의 계기로서, 경제사에 대응하면서 간간이 내보인 독특한 자본주의관이 있다. 근대주의적인 자본주의의 단계적 발전구도로 흔히 상인자본주의, 산업자본주의 그리고 금융자본주의라는 세 차원이 상정된다. 브로델의 지론에 따르면, 상인자본주의에서 산업자본주의에 이르는 과정에는 이행이 매끄럽지 않은 대목이 있다. 나아가 브로델은 자본주의 자체를 산업자본주의의 '독점' 상태로 협소하게 정의함으로써 그것을 이념적으로 상대화하려는 경향이 있다고 말한다. 브로델에 의하면 '독점' 이야말로 '자유로운 시장'에서 '경쟁'을 가로막는 특수한 역사적 산물이다. 다시 말해 그는 자본주의와 '자유로운 시장'을 구분하는 관점을 제공하려 했던 것이다. 그리고 '자유로운 시장'에서의 '경쟁'은 산업자본주의 이전부터, 산업자본주의가 한창일 때는 물론, 그 이후에도 사멸하지 않고 그때그때의 '변동국면' 속에서 존속해 왔다고 말한다. 월러스틴이 잘 지적했듯이 이러한 브로델의 독특한 경제관은 냉전 기간 동안 교조화의 늪에 빠진 맑스주의를 보완하기 위한 이념형을 제시하려는 노력으로 이해할 수 있다.

여기서 『지중해』에 도입된 지역성에 주목하자는 애초의 제안을 상기한다면, '지중해' 남반구(주로 북아프리카)를 다루는 이 책이 비서구사회에 어떤 시선을 던졌는지를 물을 필요가 있다. 이런 설정에서 브로델은 기존의 틀인 기독교 세력 대 이슬람 세력이라는 구분을 어쨌거나 답습하고 있다. 그런 가운데 그가 주목했던 것은, 전쟁이나 무역과 같은 교류에서 보이는 정치제도, 법제도상의 유사성이었으며, 또한 그런 사적(事迹)에 관한 상호 인용의 흔적이었다. 이 대목에서 떠오르는 것이지만, 『지중해』라는 책은 애초부터 브로델이 젊은 시절 지향했던 바 '펠리페 2세의 외교사' 같은 정통적인 서양사 연구로부터의 일탈이었다. 브로델의 이력을 고려하자면, 교수자격시험 이후 10년간 알제리를 근거지로 삼아 지중해를 바라보고 있었다는 점, 특히 1940년대 프랑스의 패배로 독일의 전쟁포로가 되었다는 점을 떠올릴 수 있겠다. 이러한 체험을 거치며 브로델은 지역성, 즉 '경계'에 대한 독특한 입장을 가지게 되었다. 다만 풀어야 할 과제는 기독교 세력/이슬람 세력 사이에 존재하는 정치 및 법제도상의 유사성과 상호 인용이라는 주제 자체보다는, 어떤 현상을 경유해 그것을 해석했는가 하는 것이다. 브로델은 큰 전쟁 사이에 빈발했던 작은 전투나 내전 혹은 사적 약탈 같은 소규모 전쟁, 그리고 크고 작은 전쟁이 종결된 이후 포로 교환 과정에서 활성화되었던 네트워크에 주목했다. 소규모 전쟁의 경우 종교적 구분은 거의 무의미했다. 또한 포로교환체제가 실재했다는 사실은 전쟁과 무역이라는 지역간 교역의 두 축 외에도 다양한 경로의 교류가 광범위하게 존재했음을 암시한다. 거듭 말하지만 이러한 착안은 전쟁포로였던 브로델 자신의 개인적 체험과 깊이 관련되어 있다.

다만 최종적으로 위치짓기(positioning)의 문제가 남아 있다. 즉 '세계사'란 무엇인가, 혹은 누가 결국 '세계사'를 만들었는가라는 근본적인 물음이다. 서양사회는 지중해라는 세계의 중심을 대서양으로 개방하여 '세계사'를 만들어 냈다. 이러한 선취된 예감 속에서 『지중해』가 서술되었다면, 대서양 쪽을 향하지 않은 세력의 후손들은 어떻게 '세계사'를 바라보게 될 것인가? 만약 북아프리카 연안 출신이 교수자격을 취득한 이후 유럽으로 건너갔다면, 어떤 '세계사'를 서술했을까? 다시 말해 아프리카 대륙 사람들에게 대서양 건너편의 '신대륙'이란 어떤 '대륙'으로 다가왔으며, 또한 어떻게 다가오고 있는가? 그 지점으로부터 거슬러 올라가 브로델이 출발점으로 삼는 16세기, 혹은 그 이전의 역사를 서술한다면 그것은 대체 어떻게 될 것인가?

3. 유럽—세계사를 상대화하다

도입부에서 언급했듯, 『지식의 고고학』에서 푸코는 근대과학의 성립과 관련되면서도 그 의식 너머에 잠재하는 담론편제에 주목했다. 그렇다면 푸코는 지금 우리가 문제 삼고 있는 지역 범주, 즉 서양/비서양이라는 경계를 과연 어떻게 생각하고 있었을까? 이 문제에 관해 그는 의식적으로 말을 아꼈다고 생각된다. 다만 단편적인 발언의 흔적이 얼마간 남아 있다. 「권력, 한 마리의 훌륭한 야수」라는 인터뷰에서 푸코는 16세기에서 19세기에 걸쳐 '광기'가 정신병으로 분류되어 간 역사를 이야기하던 도중, '서양'을 규정하는 문제에 관한 질문을 받고는 이렇게 대답했다.

> 서양이라는 말을 꺼낼 때, 그래도 괜찮을지. 이 말은 모호하고 사용하면 언짢아지지만, 그렇다고 안 쓸 수도 없는 그러한 말입니다. 제가 말하고 싶은 것은 많은 것들, 많은 사회·정치·경제 실천이 비스셸 냇가에서 지브롤터 사이에, 스코틀랜드 북부 연안에서 이탈리아 끝자락 사이에 위치한 어떤 지리학상의 지역에서 태어나 터무니없이 발전해 왔다는 사실입니다. 아랍세계가 거기에 전혀 영향을 주지 않았다고 말할 생각은 없습니다. 중동이건 페르시아건 마찬가지겠습니다만……. 그래도 어쨌든 근대인인 우리의 운명이 이 지역에서, 더구나 중세와 18세기 내지 19세기 사이에 위치하는 어떤 시기에 결정되었다는 점에는 변함이 없지요.

푸코의 이 말은 이른바 '세계사'의 상식에 속한 것으로서, 그 사실을 정면으로 부정하기 어려울 듯하다. 오늘날 지구에 살고 있는 대부분의 사람들이 푸코가 말한 18세기에서 19세기 사이에 위치하는, 이른바 '서양 근대'의 세계화라는 과정 속으로 끌려 들어갔기 때문이다. 그러나 우리는 이 발언에서 그가 '아랍세계'를 언급했다는 사실과 함께, '서양'이라는 말을 "사용하면 언짢아진다"고 한 그 미묘한 뉘앙스에 주의를 기울여야 한다. 더구나 이때 푸코가 말하는 '아랍세계'와 '서양'이라는 구도에는 결코 안정적인 이항대립 내지 대위법으로는 처리할 수 없는 여러 문제가 함축되어 있다고 하겠다.

이러한 미묘한 문제를 다룬 몇 안 되는 논객 중에서 이집트 출신의 경제학자 사미르 아민(Samir Amin)을 꼽을 수 있다. 일본에서 아민은 세계적인 규모에서 진행되는 지역 및 국가간 경제 착취와 독점을 다면적인 종속 관계의 차원에서 다룬 종속이론 2세대로 소개되어 있다. 그러나 아민이 이른바 '근대' 이전의 세계사구조에 관해 언급했다는 사실은 그다지 알려져 있지 않다. 아민의 저서 『유럽중심주의』(*L'euro-centrisme*, 1988)는 유럽 혹은 '서양'이라는 말의 성립에 얽힌 불쾌함의 기원에 조심스러운 주석을 달려는 시도이다. 『유럽중심주의』는 유럽 자본주의의 성립에 많은 지면을 할애하고 있는데, 그 전제로서 아민은 고대로부터 중세에 이르기까지 '세계사'의 기점을 서로마제국 말기에 두는 일반적인 견해를 비판하고 있다. 아민은 고대에서 중세로 이르면서 등장한 '세계사'는 그 이전, 헬레니즘문명이 동방으로 확장하면서 이뤄낸 광역권에서 비롯되었다고 이해한다. 그에 따르면 로마제국은 헬레니즘광역권으로부터 출현하였으며, 비잔틴제국,

이슬람권 그리고 서방기독교권 역시 마찬가지라는 것이다.

그렇다면 아민은 어떠한 연유로 이러한 견취도(見取圖)를 제시하는 것일까? 우선 아민은 헬레니즘광역권 성립의 정점을 이루었던 조공체제(tributary mode)를 핵심 개념으로 제시한다. 아민은 유럽 봉건제를 헬레니즘광역권 통치체제인 조공체제의 변형태로 이해한다. 아민이 제시하는 조공체제는 북아프리카 연안(이집트문명)에서 발달했던 통치체계에 한정되지 않고, 그에 상응하는 세계관 및 생사관 그리고 개개인들의 규범 의식까지를 망라하는 일종의 사유양식이다. 이것은 불사(不死)의 관념, 내재적 정의관(正義觀) 혹은 회의론을 특징으로 하는데, 이로부터 보편적인 윤리관, 즉 휴머니즘이 발생한다. 아민은 오늘날 우리가 떠올리는 그리스철학 역시 이집트 사유의 영향을 받은 소크라테스와 플라톤이 등장하지 않았다면 이루어질 수 없었다고 지적한다. 소크라테스와 플라톤은 이른바 동방적 사고양식이라 할 만한 요소를 지니고 있었는데, 그것을 통해 자연(공동체)에 속박되어 있던 신화적 사고양식으로부터 개개인들의 경험을 분리하여 인간의 지식을 체계화하고 행복의 관념을 제련하는 데 공헌할 수 있었다. 그러나 이후 종교적인 분할선상에 성립된 유럽중심주의로 말미암아 같은 사유양식을 배경으로 하는 지중해의 북부와 남부가 분리된 지역으로 간주되기에 이른다. 총괄하자면, 이집트문명으로부터 영향을 받았던 '그리스'가 동방으로 확장하면서 헬레니즘광역권이 만들어졌다는 견해는 오늘날에도 타당하다. 중세 유럽의 스콜라철학만 보더라도, 이슬람권이 헬레니즘의 사유양식(동방적 사유양식)을 재건했다는 사실은 실로 거대한 통합공간의 성립을 의미하는 셈이다. 그리고 1453년 오스만투

르크의 침공으로 콘스탄티노플이 함락되고 이슬람이 보유하던 '그리스'가 지식인 유입의 형태로 로마에 전해지자, 중세 유럽은 르네상스(1400~1530)라는 형태로 뒤늦게나마 다시 대본(大本) '그리스'를 배우기 시작했던 것이다.

'서양/아랍'이라는 분할이 자연화한 계기를 폭로하기 위해, 아민은 먼저 아랍-이슬람세계의 형이상학적 사유가 얼마나 세련된 것이었는지를 강조했다. 아랍-이슬람세계에 대한 무지=망각의 산물인 유럽중심적 편견은 사물에 대한 인식을 가로막고 이슬람교를 기독교의 대립물로 상상하도록 만들었다. 무엇보다 중요한 것은 이슬람 형이상학이 어떻게 헬레니즘 및 동방 기독교의 유산을 이어받았는지, 또한 그것이 어떻게 조공체제의 사유양식을 완성했는지를 보는 관점이다. 이러한 시각에 서면, 아민이 지적하듯이 서방 기독교는 형이상학적 사유를 상대적으로 결여하고 있다는 결론에 이르게 된다.

그러나 아민의 고찰은 이러한 결론에 머무르지 않는다. 나아가 그는, 서양사회가 동방적 사유양식의 변경에 자리하고 있었다는 사실이 이후 서양사회가 형이상학적 사유로부터 벗어나는 데 유리하게 작용했다고 지적한다. 『유럽중심주의』는 크게 2부로 되어 있는데, 헬레니즘을 기점으로 삼는 후반부에 이르면 '세계사'의 변방이었던 유럽사회가 어떻게 그 결여를 이점으로 전환하면서 자본주의를 발전시켰는지가 집중적으로 논의된다. 예를 들면, 맑스-엥겔스가 자본주의를 규정하기 위해서 채택했던 '생성유물론'(spontaneous materialism)이라는 개념이 소크라테스-플라톤 이전 그리스 자연철학과의 관계 속에서 주요하게 다루어지고 있다. 게다가 아민은 중국, 조선반도, 일본과 같은 동아시아로 방향을 돌려, 마찬가지 구도에서 동아시아의 조공체제와 상응하는 형이상학적 사유를 분석 대상으로 삼았으며, 더 나아가 유럽으로부터 자본주의가 이입되거나 맑스주의가 유행하게 된 사정에 관해서도 그 주변적 성격으로부터 분석을 시도했다.

다시 본론으로 되돌아오면, 아민은 브로델과 시기는 달랐지만 바로 그 지중해를 자신의 연구 지평으로 삼았다. 아민은 남쪽에서 '지중해'를 바라보려 했던 것이다. 브로델이 16세기 후반의 지중해로 그 지리적 범위를 한정한 것은, 아민이 말한 전형적 유럽중심주의 서술이라기보다 그것을 상대화하려는 시도였다고 할 수 있겠다. 그러나 16세기 후반, 유럽사회가 그 이해(利害)-관심을 일제히 대서양으로 돌린 전환점으로부터 연역한 『지중해』는, 그 서술의 주어를 정하는 데 있어 푸코가 말한 '서양'이라는 개념에 묻어 있는 양가적 느낌을 해결할 수 없다. 푸코가 '서양'이라는 말을 사용할 때 느꼈던 불쾌함, 그럼에도 그 말을 사용하지 않을 수 없는 난감함을 토로했다면, 아민은 그 건너편에서 주석달기를 시도한 셈이다. 지역적 통합의 의미를 갖는 브로델의 '지중해', 그리고 지역적 경계 설정을 둘러싸고 벌어지는 상호투쟁의 장인 아민의 '지중해', 이 두 개의 '지중해'가 서로를 비추는 거울처럼 대화하고 있다고 한다면 지나친 표현일지 모른다. 그러나 이 두 '지중해'를 포개어 읽을 수 있다면, 그것은 지역적인 것을 향한 시선이 담고 있는 문화정치의 중요성을 깨닫는 계기가 될 것이다.

2장_전쟁, 혁명, 식민지

1. 공간혁명

브로델이 주목했던 16세기 후반의 유럽세계가 대서양 건너로 그 이해-관심을 옮기는 과정에서 몇 차례에 걸친 대규모 해전이 발생했다. 가장 규모가 컸던 것은 1571년 지중해세계의 패권을 장악하고 있던 베네치아가 스페인 함대와 함께 투르크와 격돌하여 승리를 거머쥔 레판토 해전이다. 1588년에는 이윽고 영국과 유럽 대륙 사이의 해협에서 스페인의 무적함대가 영국 함대에 패배하는 사건이 이어진다. 분명 이 시기에는 배의 성능, 항해술 등 '바다'와 관련한 기술이 괄목할 만한 성장을 보였다(이런 의미에서 보자면 엄밀히 말해 당시 바다의 패자는 네덜란드였다). 결국 스페인은 신대륙 발견만으로는 '바다'를 둘러싼 경쟁에서 승리를 거머쥘 수 없었다. 요컨대, 해전의 장이 지중해 바깥으로 이동하자 대서양에서 헤게모니를 확립하는 일이 이들의 경쟁에서 초미의 관심사가 되었다. 이렇듯 유럽세계에 나타난 '육지에서 바다로'라는 중대한 이해-관심의 이동을 '세계사'의 견지에서 서술한 인물로 공법(公法) 학자이자 정치사상가인 카를 슈미트(Carl Schmitt)가 있다.

슈미트를 평가할 때, 한때 나치정권의 문화정책에 관여했다는 오점을 들추어 그를 비판하기란 쉬운 일이다. 하지만 슈미트의 바로 그 오점으로 인해 '법'과 '폭력' 간의 불가피한 관계가 사상적 소재로 될 수 있었으며, 나아가 그 실천의 궤적 또한 오늘날까지 유용한 시사점을 제공하고 있다. 슈미트의 저작 가운데 『육지와 바다』(Land und Meer, 1942)라는, 다분히 문학적 어감을 풍기는 텍스트가 있다. 이 텍스트는 16세기 후반부터 유럽이 '대항해 시대'로 돌입했다는 사실을 전지구적 공간혁명과 관련지어 서술했다는 점에서 매력적이다. 특히 슈미트는 '육지에서 바다로'의 이동이 근대과학의 성립에 힘입고 있음을 강조한다. 달리 말해, 코페르니쿠스와 뉴턴 등이 준비해 온, 근대과학 '공간' 관의 일대 전환이라는 것이다. 거기에는 물론 프랑스 계몽주의자들에 의한 '텅 빈 것'의 발견, 그리고 르네상스양식에서의 '자유로운 공간' 설정 역시 포함되어 있다.

물론 근대 공간관의 성립과 확장을 다룬 대목만을 본다면, 통상적인 설명에 불과할 수도 있겠다. 그러나 슈미트의 의도는 이러한 서양 근대의 과정을 그대로 추인하는 데 있지 않았다. 그는 유럽세계가 외부를 향해 운동하면서 공간혁명을 겪었을 뿐만 아니라, 유럽의 내부, 즉 '육지'에 관한 인식에서도 중대한 전환을 겪게 되었다고 주장한다. 여기서 슈미트는 중세 이후 유럽의 기독교 민족들이 피로 얼룩진 전쟁을 거치면서 이 같은 상황을 조정하기 위해 점차 국제법을 도입해 가는 경위에 주목한다. 전쟁을 치르고 결과를 조정할 때 가장 중요한 요소는 전쟁에 뒤따르는 영토의 취득과 분할, 나아가 그 영토의 통치에 요구되는 공간질서체계였다. 슈미트는 그러한 공간 설정에 관한 기본적인 질서체계를 노모스(nomos)[1] 라 명명했다(노모스의 정의에 대해서는 슈미트의 저작 『대지의 노모스』 Der Nomos der Erde에 상세하게 나와 있다). 이 노모스를 통해 슈미트는 전쟁을 수행하는 문제, 혹은 그 이후에 발생하는 토지 취득의 문제를 결정하는 주체가 일원적인 종교권력으로부터 그 당사자(국가)로 이전되었다는 사실에 주목하고자 했다. 이에 근거하여 슈미트는 스페인이나 영국 같은 해양제국이 신세계(유럽의 '육지' 이외 지역) 토지를 취득할 때 드러낸 경솔함을 준엄히 비판한다. 그리고 유럽에서 가장 커다란 영향력을 갖고 있던 영국이 '바다'의 마력에 빨려 들어가 해적자본가들을 양산했다며, 정부가 해적 행위를 용인한 것이라 규탄하기에 이른다.

물론 슈미트의 역사인식에 관해서는 어느 정도 유보가 필요할 것이다. 독일인 슈미트가 영국을 비판하는 맥락에는 해양제국으로 성장하는 영국에 대한 반감이 깔려 있다고 추론할 수도 있다. 실제 독일은 해양제국을 꿈꿨지만 1차세계대전에서 패배함으로써 그 꿈이 무산되고 말았다. 그렇더라도 슈미트의 비판에는 유럽 내부에서 국제법이 발달했지만 그것이 외부지역(신세계)에 적용되지 않았던, 수세기에 걸친 어긋남이 각인되어 있다고 할 수 있다. 우리가 슈미트로부터 배울 것은, 그러한 '세계사'가 결코 충분히 드러내지 않았던 지역적인 것의 어

---

1) 고대 이집트의 행정 단위로 '운하로 구획된 토지'라는 뜻의 이집트어 '세페트'를 그리스어로는 '노모스'라고 부른다. 한편 소피스트들은 사회, 제도, 도덕, 종교 등을 자연과 대립시켜 '노모스'라 부르기도 했다.

굿남을 밝혀내는 사유이며, 아울러 공간 설정을 둘러싼 힘과 기술에 관한 인식이다.

이미 오래 전부터 우리는 유럽세계로부터 번져 나간 거대한 공간혁명의 파동 속에서 살아왔다. 슈미트는 '세계사'와 관련하여 육지로부터 바다/하늘로라는 공간혁명의 행방을 논함으로써, 우리가 서 있는 장(場)의 문제성을 부각시키고자 했던 것이다. 『육지와 바다』에 담긴 슈미트의 예언적 진술의 시야 안에는, 증기선에서 제트기에 이르는 기술 수준의 비약으로부터 심지어 전파에 이르는 공간의 개발이 들어와 있다. 그러면서도 그는 노모스의 문제가 결정적임을 거듭 강조한다. 달리 말해 노모스란 공간의 소유, 분할 그리고 통치에 관한 광의의 척도와 조화의 문제로서, 어느 시대건 항상 새롭게 호출되며, 그곳에 살고 있는 인간의 실천과 관계되는 것이라 주장하는 것이다.

2. '진보'의 바깥으로

'육지에서 바다, 그리고 하늘로'라는 공간혁명의 행방을 논한 슈미트는 비유럽세계를 어떻게 다루었을까? 결론부터 말하자면 그는 스페인이나 영국과 같은 유럽 해양제국이 '신세계'에서 자행한 무도함을 비판했지만, '신세계' 혹은 비유럽 지역 자체는 거의 다루지 않았다. 그러나 예외가 있다. 전후에 쓴 『파르티잔』(*Theorie des Partisanen*, 1963)에서 슈미트는 유럽세계의 외부(그리고 내부에 존재하는 외부)에서 발견한 전쟁이론을 다루었다. 여기서 그는 프로이센의 참모장교가 나폴레옹군에 맞섰던 파르티잔에게 감명 받았던 일, 인도차이나의 식민전쟁을 목도한 프랑스 장교들이 알제리에서 독립전쟁이 일어나자 독자적인 군사행동을 취했던 일 등을 구체적으로 거론하고 있다. 더 나아가 이 책에는 항일전쟁부터 내전까지를 승리로 이끈 마오쩌둥(毛澤東)의 인민전쟁론(人民戰爭論)[2]의 영향이 강력하게 관통해 있다. 이러한 사례를 통해서 슈미트는 우선 파르티잔전(게릴라전, 유격전)의 특색인 '비정규성'에 착목했다. '비정규성'에는 국가 주권들끼리 부딪치는 정규전과는 다른 공간 차원이 개입한다. 잠수함이 등장하면 수면전과는 다른 공간 즉 수중이 도입되듯이, 파르티잔의 싸움은 정규전이라는 평면을 균열하면서 적(정규군)을 다른 공간으로 끌어들인다. 슈미트는 육지의 이점을 이용하여 대량의 정규군을 몰고다니는 파르티잔을 높이 평가하는데, 여기서 '육지'에 대한 그의 편애가 눈에 띄기도 한다.

그러나 슈미트는 결코 전쟁사에서 파르티잔전이 갖는 효과만을 다루지는 않았다. 그는 파르티잔전에서 무엇보다 근대 유럽 전쟁사의 '예외'에 주목하려 했다. 더구나 마오쩌둥의 인민전쟁론에 경도되었다는 사실은 그가 유럽의 '바깥'에 관심을 갖고 있었음을 단적으로 보여 준다. 여기서 중요한 것은 '육지에서 바다, 그리고 하늘로' 라는 발전의 연속성으로부터 일탈, 즉 『육지와 바다』의 논리구조에 대한 자기비판이라 할 만한 슈미트의 다양성이다. 그러나 슈미트는 파르티잔전

---

[2] 마오쩌둥은 '인민해방군'에 기초해 항일유격대를 조직했다. 인민해방군은 정규군이 아니라 인민의 군대로서 "직책은 있으되 계급은 없는" 군대였으며, 전투부대일 뿐만 아니라 공작대, 생산대이기도 했다. 마오쩌둥은 인민해방군의 정치적 역할을 중시하였으며, 문화혁명 기간에 인민해방군은 당과 행정기구를 대신하여 통치조직으로서의 역할을 맡기도 했다. 인민전쟁론은 이러한 인민해방군을 기초로 한 전쟁이론을 의미한다.

에 그저 덧없는 환상과 기대를 투영하지 않았다. 고속도로가 부설되면 들개가 쫓겨나듯, 속도를 더해 진전한 군사기술의 개가 속에서 파르티잔 역시 결국엔 패배한다는 냉엄한 현실을 그는 도외시하지 않았다. 하지만 그러면서도 슈미트가 '비정규성'을 아끼거나 그 비정규 기술을 활용하는 데 관심을 갖는 장면에서, 우리는 전쟁사나 군사기술사에 흔히 전제되는 매끄러운 발전적 연속성을 불편해하는 그의 심경을 읽어 낼 수 있지 않을까? 그런 의미에서 슈미트의 태도는 맑스주의에서 역사발전주의를 추방함으로써 그것을 재정의한 루이 알튀세르(Louis Althusser)의 이론적 실험과 얼마간 겹친다고도 여겨진다.

알튀세르 역시 유럽의 '바깥'에 관심을 두고 작업을 진행했다. 그도 마오쩌둥의 사상에 관심을 보였으며, 자신의 대표적 논문 「모순의 중층결정—연구를 위한 노트」(『맑스를 위하여』)에서는 유럽 **주변부**에서 일어난 러시아혁명을 고찰 대상으로 삼았다. 알튀세르가 새삼 러시아혁명을 고찰하게 된 데에는, 당시 유럽 지식계에 스탈린 비판이 제기되고 1968년 체코동란[3]을 거치면서 '인간의 얼굴'을 한 사회주의를 목표로 하는 민주화운동이 유행했던 역사적 배경이 있다. 먼저 알튀세르는 이른바 상부구조의 상대적 견고성에 주의를 기울였다. 그리고 혁명을 거쳐 탄생한 새로운 사회에는 그 특수한 상부구조의 존재 방식이

---

[3] 1950년대 중반부터 자유화가 진행되면서 체코슬로바키아 지식인들은 민주주의정권의 수립을 요구했다. 그러나 당시 공산독재체제의 정권을 쥐고 있던 노보트니(Antonín Novotný)는 이를 거부했고, 결국 항쟁 끝에 반체제운동을 전개하던 개혁파 두브체크(Alexander Dubček)가 정권을 잡기에 이른다. 체코슬로바키아가 공산주의로부터 벗어나기 위한 이 같은 노력과 변화를 '프라하의 봄'이라 한다. 그러나 개혁의 바람이 다른 나라로 확산되는 것을 두려워한 소련은 체코슬로바키아를 무력 침공하였는데, 이를 '체코동란'이라 한다.

나 국제환경의 영향 속에서, 과거의 낡은 요소들이 존속 혹은 부활하는 경우가 있다고 지적했다. 러시아혁명 발발 이후의 다양한 내부 모순에 대해 알튀세르는, 이른바 진보의 시계열(時系列)을 따르는 단계론을 전제하는 데 저항하면서, 그런 모순을 극복하기 위해 "자기의 길을 개척하는" 노력의 역사적 맥락에 근거하여 재평가해야 한다는, 당시로서는 시기상조의 시도를 감행했다. 알튀세르에 따르면 '인간의 얼굴'을 한 사회주의라는 슬로건 역시 러시아혁명이라는 역사적 사건을 유럽중심의 발전적 시계열 하위에 우겨 넣은 것에 불과했다. 또한 일반적으로 알튀세르가 제시한, 정신분석을 경유한 '중층결정'(over-determination)이란 용어 역시 경제적 심급을 우선시하는 맑스주의 역사결정론에 대한 비판으로 받아들여지고 있다. 거기서 알튀세르가 강조하고 싶어 했던 또 하나의 측면으로서, 역사주의와 결탁한 맑스주의가 헤겔과의 단절을 거치지 않은 점을 비판하고 있음을 간과해서는 안 된다. 알튀세르가 착목했던 것은, 예외가 규칙이 되고 규칙이 규칙이 되는 불안정한 과정이자, 인간집단의 실천과 관련된 역사적 계기(moment)였다. 알튀세르의 문제의식을 따라가 보면, 전쟁과 식민지 그리고 혁명을 통해 유럽발 근대화가 세계적으로 확산되는 과정에서 그 근원에 자리하는 '근대' 역시 '규칙이 된 예외'로 사고할 수 있을 것이다. 당시 알튀세르가 비판하려 했던 맑스주의는 경제발전이 최고조 상태에 도달해 생산력과 생산관계의 모순이 지양되면 사회가 진보할 것이라고 믿고 있었다. 맑스주의가 역사주의와 결탁했기에 이런 발상이 생겨난 것이다. 그러나 알튀세르는 특정한 상황에 놓여 있던 러시아 현실의 모순이 러시아혁명을 촉발했다고 여겼으며, 그런 현실적 모순은 영향을 주고받는 사회구성체의 다양한 층위와 심급들에 의해 중층적으로 결정된다고 주장했다.

그리고 알튀세르는 재정의해야 할 맑스의 사상을 헤겔주의로부터 이론적으로 분리해 내는 데 주력한다. 그는 먼저 의식의 제경험과 절대지(das absolute Wissen)의 출현으로 최고점에 달한다고 주장하는 헤겔 변증법에 대해, 이는 외부적 결정요인을 완전히 배제한 원환의 중심이 의식을 결정하는 구조라고 비판한다. 이 원환을 이루는 중심을 유럽으로 보는 것은 비교적 쉬운 일일 것이다. 그러나 그 중심에 바로 유럽을 갖다 놓아도 좋을 만큼 알튀세르의 작업이 단순하지는 않다. 알튀세르는 「『자본론』의 대상」(『자본론을 읽는다』)에서 헤겔주의에 대한 비판을 정밀히 다듬기 위해 브로델을 필두로 하는 아날학파를 비판한다. 알튀세르에 따르면 아날학파는 시간의 다양성 즉 단기·중기·장기 파동의 존재는 확인했지만, 이 다양성을 실제로 가동하는 전체 구조를 파악하지 않았다. 여기서 말하는 '전체 구조'란 발전적 연속성으로는 측정할 수 없는 유동성으로서, 단기·중기·장기라는 시간의 파동을 수직으로 가로지르는 우연적인 '힘'의 계기라 할 수 있을 것이다. 알튀세르의 아날학파 비판은, 앞장에서 다뤘듯이 냉전체제 하 맑스주의가 교조화되면서 아날학파가 유행했던 사정과 무관하지 않을 것이다. 즉 아날학파든 '인간의 얼굴'을 한 사회주의든 독일의 사회민주주의든 지속하는 시간의 관념이라는 역사주의의 무대 위에서 성립한 것이라는 말이다. 달리 말해 이들은 그 뿌리에서, 부동의 중심을 회전하는 자의식의 운동이라는 헤겔의 이데올로기적 시간 관념을 공유하고 있었던 것이다. 알튀세르는 논문 「『자본론』의 대상」에서 헤겔적 시간구조의 특징을 '시간의 등질적 연속성'과 '시간의 동시대성'이라는 두 개의 계기로 나누어 묘사하고 있다. 세계 어느 곳에서든 인간은 '시간의 동시대성'에 강제되어 '시간의 등질적 연속성'이 마련한 특정한 발전단계를 향해 자동적으로 나아가게 된다는 것이다. 바로 이 두 개의 계기가 의미하는 것은, 그것이 전파이든 강제이든 간에, '근대'의 확장을 유출론적 모델로 해석하는 시간구조일 것이다. 그리고 그로부터 알튀세르가 말하는 '본질의 절취'가 가능해진다. 다시 말해, 알튀세르가 비판하고자 했던 것은 세계의 중심을 경유하는 인식경로를 벗어나서는 자신을 해석하는 것이 불가능해지는 그런 세계/인식/구조이다. 스스로에 의해 스스로를 아는 것, 그것은 세계의 중심으로부터 인용되거나 그 본질의 정의를 거치지 않고서는 결코 실행될 수 없는 상황에 대한 비판이다. 뒤집어 말하면, 그것은 특히 비서구 지역의 인간들이 이른바 '유럽 근대'의 성립이라는 예외적 사건의 결과로부터 연역된 세계에 살지 않을 수 없게 되었음을 '자각'하는 것이다.

*

지금까지 알튀세르의 역사주의 비판을 거칠게나마 살펴보았다. 알튀세르 자신은 유럽/비유럽이라는 구분을 즐겨 사용하지 않았다(그에게는 프랑스 식민지배를 받고 있던 알제리에서 살았던 경험이 있다). 그리고 우리 역시 그런 단순한 구분으로는 실태를 파악할 수 없는 세계에 이미 살고 있다. 생각건대 알튀세르가 『맑스를 위하여』(*Pour Marx*, 1965)에서 재정의하려 했던 러시아혁명 역시 유럽/비유럽이라는 이분법으로는 포착할 수 없는 시공간적 맥락의 산물이었다. 당시 러시아는 유럽제국주의의 주변부로서 세계자본주의의 모순이 집적되고 격화되던 장이었다. 알튀세르는 당시 러시아 말고는 다른 어떤 곳에서도 혁명이 일어날 수 없다고 결론지었다. 이것이 바로 알튀세르가 말하는 '중층결정'이다. 당시 유럽의 사회주의 세력은 자본주의가 가장 발달한 지역부터 차례로 사회주의로 이행할 것이라 믿고 있었지만, 레닌은 '가장 약한 고리'인 러시아의 특수한 위치를 혁명의 조건으로 꼽았다. 물론 알튀세르가 레닌의 이 테제를 보편화-교조화하려 했던 것은 아니다. 그는 세계자본주의에서 변동하는 **지역적 배치의 일회적 사건**으로 러시아혁명을 기술하고 있다. 여기서 현재의 세계구조를 유럽 근대의 확장 과정으로 파악할 경우, 헤겔적 시간구조에 대한 알튀세르의 비판은 '근대'의 시간구조와 얽혀 있는 공간편제에 균열을 내는 것이라 할 수 있다. 그 속에 마오쩌둥에 대한 평가와 러시아혁명에 대한 재정의가 들어 있는 것이리라.

물론 알튀세르가 러시아혁명 이후의 소련, 중국혁명 이후의 중공을 찬미하려던 것은 아니다. 알튀세르는 프랑스(유럽)에 살면서 그리고 냉전구조 아래 맑스주의가 교조화하는 상황을 겪으면서 그 안에서 싸우고자 했다. 어떤 의미에서 알튀세르는 아날학파와 대척적인 이론 구조를 세우고 있었던 셈이다. 그런 의미에서 알튀세르의 사상적 실천에는 분명 냉전 특유의 지역적인 구조가 그림자를 드리우고 있다. 동서냉전은 어떤 면에서 보면, 자본주의와 사회주의 어느 쪽이든 유럽 근대에 뿌리내린 경제사상을 자신의 이데올로기적 구조로 삼고 있었다. 여기서 알튀세르는 사회주의혁명이 유럽 근대의 **주변부**에서 발생했다는 역사적 특이성을 망각하지 않겠다는 태도를 의도적으로 취한 것이다. 오늘날 자명한 것으로 여겨지는 지역편제는 분명 유럽이라는 중심의 유출 과정을 물상화한 것이지만, 그런 의미에서 보더라도 유럽 근대가 명명하고 구획한 세계구조와 다르게 지역구상을 재정비하려는 운동이 반복해서 등장하고 있음은 단순한 우연이 아니다. 이를테면 19세기에서 20세기에 걸쳐 세계 각지에서 들끓었던 '민족운동' 역시 그런 경우일 터이다. 그 중 적지 않은 경우가 서구 근대화론을 채택하고 실패했으며, 또한 그 반동으로서 전통회귀 이데올로기로 주권의 정당화를 꾀하기도 했다. 그런 수많은 민족주의가 내부에 품고 있던 모순들은 유럽 근대가 설정한 시공구조에 대한 과잉적응, 혹은 반항적 징후가 아니었을까?

알튀세르의 문제제기가 오늘날에도 실질적 의미를 지닌다면 이런 것이다. 즉 지금까지의 혁명, 혹은 도래해야 할 모든 혁명(혁명이라는 이름에 값하는 것)은 '근대'(유럽)가 세계로 확장해 가는 시공간구조를 그 뿌리부터 되묻는 시도에 다름아니다. 알튀세르의 이론구조에는 '근대'(유럽)의 자명성을 비판하는 열정이 행간 곳곳에 넘쳐흐르고 있다.

3. 표상의 지배, 공간의 분할

냉전체제는 동아시아에서 여전히 의미를 갖고 있지만, 서구학계에서는 탈냉전을 향한 문화적 움직임이 실재하고 있으며 이는 '지식'의 재편과도 관련되어 있다. 일찍이 미소 냉전체제는 2차세계대전 종결과 함께 식민지배로부터 독립을 선언한 많은 신생국들에 돌이킬 수 없는 영향을 남겼다. 그와 동시에 과거 식민지였던 여러 나라와 지역을 연구하는 서구의 학술기관들은, 동양학에서 지역 연구(혹은 발전론)로 그 명칭을 바꿨다. 그러나 지역 연구의 기본틀은 어떻게 제3세계에 관한 '지식'을 취합하고 구성할 것인가라는 관심-이해에 놓여 있었고, 그런 점에서 동양학과 동일한 궤적을 그리고 있었다. 냉전체제 하 이른바 제3세계로 일컬어지는 국가나 지역에서 여러 가지 모순이 표면에 드러나던 무렵, 몇몇 제3세계 출신 지식인들은 민족국가로 독립한 이후에도 벗어나지 못한 식민주의적 잔상과 그 반복을 목도하면서 그것을 자신의 사상적 지반으로 삼았다. 앞장에서 다뤘던 사미르 아민 역시 이집트 출신으로 주로 프랑스어권에서 활약한 지식인이었다. 1970년대에 이르면 이러한 일군의 지식인들이 서구 학계에서 '목소리'를 내기에 이른다. 그 상징적 인물로 에드워드 사이드(Edward W. Said)가 있다.

사이드의 이름을 세계에 알린 『오리엔탈리즘』(*Orientalism*)은 1977~78년에 걸쳐 공식 출간되었다. 『오리엔탈리즘』은 서구의 지역 연구가 왜 존재하는지, 그 내력이 무엇인지에 관해 근본적인 물음을 던져 전세계에 잔잔한 충격을 불러일으켰다. 이 책은 유럽이 동방(오리엔트)에 관한 지식과 표상을 생산하는 기제인 오리엔탈리즘을 추궁한다. 사이드는 오리엔탈리즘이란 유럽의 여러 제도, 어휘, 학식, 형상, 신조, 나아가 식민관료제와 식민지적인 사고방식을 떠받쳐 온 이데올로기적 담론장치라 정의한다. 『오리엔탈리즘』은 이 기본개념을 활용하여 유럽에서 오리엔트가 오리엔트화하는 광범한 과정에 연루된 재산목록들을 밝혀냈다. 『오리엔탈리즘』은 오랜 기간 유럽 내부에 축적된 '지식'을 더듬어 올라가는 실로 방대한 내용을 담고 있는데, 여기에는 사이드 자신의 인생궤적이 스며들어 있다. 팔레스타인에 살았던 사이드는 이스라엘이 팔레스타인을 침공하자 이집트로 탈출해, 이후 미국에서 교편을 잡았던 지식인이다. 『오리엔탈리즘』의 서문에서 사이드는 1975~76년 내전 중이던 베이루트를 방문한 어느 프랑스 저널리스트가 자신이 품고 있던 미적 이미지가 허물어져 가는 것을 안타까워하는 장면을 묘사했다. 그가 이 프랑스 저널리스트가 표현한 안타까움에 미묘하지만 결정적인 위화감을 느꼈고 그것을 집필동기로 삼았음에는 의심의 여지가 없다. 프랑스 저널리스트가 갖고 있던 오리엔트의 이미지는 분명 오래 전부터 이어져 온 낭만적이고 이국적인 체험, 진기한 심상(心象) 풍경이라 예상되는데, 그 **이미지가 사라져** 망연자실하는 순간 현재의 베이루트(혹은 팔레스타인)에 거주하는 이들이 직면한 **현실이 사상(捨象)되어 버리는 것이다**. 『오리엔탈리즘』은 엄밀히 분류한다면 일종의 문화비평이지만, 종래의 지정학적 문화에 대한 근원적 물음이자 문제틀의 전환이라는 점에서 매우 실천적인 시사점을 담고 있다.

  사이드에 의하면 오리엔탈리즘이란 우선 세계를 동양(오리엔트)과 서양(옥시덴트) 두 부분으로 구분하고 거기에 인식론적·존재론적 절단선을 들이대며 나아가 오리엔트에 관한 유럽의 '관심' ── 학문적 발견, 문헌학적 재구성, 심리학적 분석, 지지(地誌) 및 사회지(社會誌) 등 ── 을 정교화하는 것이다. 이와 관련해 사이드는 유럽에 오리엔트란 "일종의 대리물이자 은폐된 자기이기도 하다"는 사실을 지적한다. 앞장에서 언급했던 사미르 아민 역시 이 점을 집중적으로 다뤘지만, 사이드는 더 나아가 유럽은 그처럼 자기의 일부이기도 한 오리엔트로부터 자기를 소외시킴으로써 자신의 힘과 정체성을 획득했다고까지 단언한다. 그런데 사이드는 그런 견취도가 푸코의 '담론'(discourse) 개념에 빚지고 있다고 밝힌다. 푸코 자신은 분명 유럽인이었고 그가 고찰한 대상 역시 전적으로 유럽 내부에 한정되어 있었다. 그러나 유럽의 '지식' 편제에 관한 구조화된 무의식의 관계를 드러내는 것이 푸코의 목적이었다고 한다면, 사이드의 오리엔탈리즘 연구 또한 그 지향을 동반하고 있었음이 분명하다.

사이드에 의하면 유럽에서 오리엔트를 둘러싼 다양한 표상은 18세기 중반부터 19세기에 걸쳐 **근대과학적 방법으로 인식되기** 시작했고 전례 없는 권위와 규율로서 오리엔트에 부과되었다. 그렇게 되기까지는 물론 나폴레옹의 동방원정과 그 뒤를 잇는 유럽제국주의의 침략이 있었다. 이 시기 오리엔탈리즘은 이교도의 생김새를 이해하는 방법에 관한 종교적인 것으로부터 근대 식민지배의 요청에 이바지하는 과학적인 것으로 크게 전환된다. 그런 의미에서 사이드가 밝히려 했던 바 전근대 오리엔탈리즘에서 근대 오리엔탈리즘으로의 변천 역시, 주로 유럽세계와 아랍-이슬람세계라는 특정한 지정학적 인접 관계에 빚지고 있다고 보아도 좋을 것이다. 따라서 동양과 서양 사이의 인식론적·존재론적 분할이라고는 하지만, 이를테면 19세기 이후 미국의 중국 인식, 일본 인식에서 생산된 다양한 지식 및 표상 양식 역시 대체로는 유럽에서 발생한 오리엔탈리즘을 받아들이고 있음을 상상하기는 어렵지 않다.

처음의 논의로 돌아가자. 역시 사이드가 문제시했던 대상은 유럽세계, 그리고 유럽세계에 인접한 아랍-이슬람세계와의 관계에 한정되어 있다(마지막 장 「최근의 국면」에서 영국, 프랑스에서 미국으로 헤게모니가 이동하는 장면을 언급하고는 있지만). 그렇지만 사이드의 시도는 학술적 수준을 넘어 실질적 함의를 지니는데, 그 까닭은 사이드 자신이 미국에 있으면서도 팔레스타인(이스라엘) 문제에 관여했기 때문이다. 사이드는 1970~1980년대에 팔레스타인의 입장을 옹호하는 언론 활동에 진력했을 뿐 아니라, 실제로 당시 PLO(팔레스타인 해방기구)의 중심 세력에도 영향력을 행사하고 있었다. 그는 미국에 거주하는 기독교인이었지만, 이슬람교도를 포위하는 인종차별주의, 문화적 고정관념, 정치적 제국주의, 반인간적 이데올로기와 같은 그물망에 맞서 싸웠다.

이처럼 팔레스타인 문제(이스라엘 문제)에 개입하는 사이드의 활동가적 면모는 『오리엔탈리즘』의 언술에도 비틀린 형태로 반영되어 있다. 유럽의 뿌리 깊은 반셈주의(Anti-Semitism, 반유대주의)가 사이드가 추적한바, 아랍-이슬람을 대상으로 하는 유럽 오리엔탈리즘과 '은밀한 공범자'라 할 만큼 많은 부분에서 공통되어 있음을 강조하는 점이 그렇다. 이런 사실은 이스라엘국가와 대치하고 있던 사이드에겐 아이러니한 것이었다. 사이드가 『오리엔탈리즘』에서 유럽이 오리엔트를 오리엔트로 표상하는 무의식적 기제를 밝히려고 했다면, 그것은 극단적으로 말해 유럽 내부의 문제라고도 할 수 있기 때문이다. 반유대주의라는 것도 따지고 보면 유럽 **내부의** '유대인' 표상의 문제였던 셈이다. 2차세계대전 중에는 나치즘이 '유대인 문제'의 '최종 해결'을 꾀했는데, 전후에는 주로 영국과 프랑스가 주도하여 유럽 바깥에 '유대' 국가를 창설함으로써 새로운 '최종 해결'을 도모했다. 이스라엘국가의 건국이 '팔레스타인'을 만들어 내었다면, 그것은 다시 말해 유럽 내부의 문제를 모조리 그 외부=오리엔트로 떠넘긴 것이나 다름없다.

*

결국 사이드의 노력은 이처럼 얽히고설킨 '유럽'의 문제를 풀어 내기 위한 것이었으며, 그 서술 스타일 자체는 『오리엔탈리즘』의 경우 거의 행위수행적(perfomative)[4]인 것이었다. 사이드는 "많은 점에서 오리엔탈리즘에 관한 나의 연구는 모든 오리엔트 지역 사람들의 생활을 극도로 강력하게 규율하는 문화가 '나'라는 오리엔트 신민에 각인되는, 그 흔적을 기록하려는 시도였다"고 쓰고 있다. 그렇다 쳐도 앞서 거론했던 사이드의 독특한 위치야말로 선택된 것이었으리라. 사이드는 유럽세계와 아랍-이슬람세계에 가로놓인 문제를 풀어 내면서 오리엔탈리즘 비판을 전개했던 것이다. 여기서 특히 일본으로서는 가장 중요한 주제로서, 동아시아 및 일본의 지역적 위치를 별도의 문맥에서 다룰 필요가 생긴다.

사이드는 『오리엔탈리즘』 서문에서 '동양/서양'을 일거에 소멸하기 위해 오리엔탈리즘을 비판한다고 밝히고 있다. 그렇다면 이런 진술은 동아시아와 일본이라는 지정학적 자장 속에선 어떤 의미를 갖게 될까? 일본어판 『오리엔탈리즘』의 해제를 쓴 스기타 히데아키(杉田英明)

---

[4] 오스틴(J. L. Austin)의 용어. 오스틴은 사실에 대한 진술만이 진위를 검증할 수 있다는 전통적 논리실증주의 입장에 대해, 말의 수행적 성격을 강조했다. 이른바 '행위수행적(performative) 발화'란 사물의 상태를 진술하는 '사실확인적(constative) 발화'와 구별되는 것으로, 말하는 것 자체가 행위가 되는 것을 말한다. 이 책에서 저자가 자주 사용하는 '수행적'이라는 용어 역시 '행위수행적'과 같은 의미에서 이해하면 될 것이다.

는 일본에서 『오리엔탈리즘』이 어떻게 수용되어야 하는지를 전망하며 다음 세 가지 지점을 짚었다. 첫째, 아랍-이슬람(및 유대인)에 관한 일본의 왜곡된 인식을 문제 삼을 것, 둘째, 아시아 식민지배 과정에서 만들어진 일본의 왜곡된 아시아 인식을 문제 삼을 것, 그리고 셋째로 전쟁 기간 그리고 전후 미국인(및 일본인)을 중심으로 형성된 일본론을 문제 삼을 것이다. 이 가운데 두번째 주제는 오늘날 일본이 존재하는 방식을 소급해 문제 삼는다는 점에서 특히 중요한 지적이라 하겠다. 도식화하면 일본은 이른바 이중의 오리엔탈리즘 구도에 놓여 있다. 중국, 조선과 마찬가지로 일본 역시 서구세계가 식민지화를 꾀했던 지역으로서 오리엔탈리즘적 지식 및 표상의 대상이었다. 그러나 일본 스스로가 20세기 초입부터 이른바 옥시덴탈(Occidental)한 주체로 변함으로써 조선 및 중국에 관한 지식과 표상을 생산해 왔다. 일청전쟁 승리 후 여러 신문이나 여행기, 학술서 등의 매체들은, 근대주의적 척도에서 조선인과 중국인을 자신보다 열등한 존재로 인식하면서도 또 한편으로는 그와 배리되는 전략적 담론을 생산해 왔다. 예를 들어, 조선에 대해서는 실제로는 열위(劣位)에 두면서도 '일선동조론'(日鮮同祖論) 등 식민지화[同化]에 유리한 학설을 양산했고, 또 중국에 대해서는 망국의 위기로부터 생겨난 근대민족주의를 외면하기 위해 정태적인 한학 담론을 고집하고 그 틀 속에 중국을 고정시키려 했다.

    이처럼 일본이 아시아에 행사해 온 '오리엔탈리즘'은, 이른바 서양으로부터 오리엔탈한 객체로 취급되던 일본이 아시아에 대해서는 옥시덴탈한 주체가 되어 위세를 부리는 이중적 성격을 지니고 있다. 본래 아시아라는 용어는 서양세계가 그렇게 명명함으로써 생겨난 것인데, 이에 더해 일본은 자신을 그 아시아로부터 타자화하는(서양열강의 범주에 자신을 두는) 지역적 조작을 꾀한 것이다. 그러나 현실적으로 일본은 서양의 일원이 될 수 없었다. 모방이 아니고서는 서양 근대의 역사를 추체험할 수 있는 길이란 존재하지 않았다. 즉 원래 서양사회 내부에 속한다는 것과 모방을 통해 그 일원이 된다는 것 사이에는 좁힐 수 없는 거리가 있는 것이다. 그런 의미에서 근대 일본인의 지역적 귀속 감각의 추이에는 역시 특이하다고 할 수밖에 없는 지점이 있다. 사이드가 제시한 바, 동양/서양의 이항대립을 넘어서는 전략은 일본의 경우 더욱 복잡한 절차를 필요로 할지 모른다. 다만 사이드가 제출했던 기본테제, 즉 본질화된 지역 경계야말로 실은 부단히 인공적으로 생산되어 온 대리보충물이라는 인식만큼은 더 이상 양보할 수 없다. 자연화된 지역 감각이야말로 실은 무엇보다도 가장 세련된 문화정치의 장(場)이기 때문이다.

소결_지역적인 것의 재편성

우리는 박탈된 상태로는 삶을 버텨 내지 못한다. 항상 어딘가에 소속되어 있기를 원하고, 또 그래서 자신과 소속이 다른 누군가를 경계하거나 역으로 동경한다. 또한 자신과 소속이 다른 누군가를 무시하기로 결정하는 그 순간에도 실은 '무시'라는 감각이 작동하고 있다. 바로 여기서 지역적인 것이 결정적인 역할을 한다. 나는 이 지역적인 것을 핵심어로 삼아, 대개의 경우 무의식화되어 있는 우리들의 소속(관)에 대한 '담론편제'를 뚜렷이 드러내기 위해 이 책을 집필했다. 예컨대 푸코는 오늘날에 이르기까지 근대세계의 원점으로서 '서양'이라는 말을 사용하지 않을 수 없는 상황에서, 그 말이 지니는 모호함과 그 말을 사용할 때 느끼는 불쾌함을 토로했다. '서양'이라는 말이 어떤 특수한 '담론편제'의 결과라 한다면, 반대로 그로부터 파생한 '동양' 역시 그 담론편제의 일부가 된다. 우리들이 일반적으로 사용하는 아시아나 아프리카 같은 지역적 개념 역시 사실 유럽 근대에 의해 발견된 '세계사'의 일부이지만, 이미 그것은 우리에게 익숙한 지역 개념으로서 정착해 버렸다. 따라서 아시아든 아프리카든 혹은 '동양'이든 집요하고 엄밀하게 따져보면 볼수록 실로 그 모호함에 불쾌감이 느껴질 것이다. 우리가 지역적인 것을 통해 사고한다는 것은 그 모호함 및 불쾌감과 맞서 싸우는 일이다. 물론 그 역시 각자가 서 있는 위치에 따라 달라지겠지만 말이다.

*

19세기부터 20세기에 걸쳐 발생한 침략전쟁과 식민주의 그리고 혁명운동 들은 서로 연동해 거대한 흐름 속으로 세계를 이끌고 들어갔다. 이제는 기억하기 어려워졌지만, 거기에는 우연이 필연으로 전화해 간 몇 가지 역사적 계기가 놓여 있다. 가령 월러스틴이 말하는 세계체제론의 시각에서 본다면 동아시아에서 일본이 아닌 중국이 먼저 (반)식민화될 수밖에 없었던 것이 지정학적 우연이었다고 할 수도 있다. 이런 발상은 동아시아를 살아 가는 사람들에게 흥미롭다. 19세기 전반 이후(아편전쟁에 와서 명확해졌지만) 중국은 세계자본주의의 주변으로 편입되어 갔다. 그러나 일본은 지학정적·역사적 우연으로 인해 중국의 주변화 과정을 줄곧 제3자의 입장에서 바라볼 여유를 가질 수 있었다. 일본은 바로 그 우연을 움켜쥐고 "우연이 규칙이 되고 규칙이 규칙이 되"듯, 중국의 (반)식민지화를 중화문명의 후진성 탓으로 규정하면서 자신의 지역감각을 재편했던 것이다.

또다른 측면에서 역사의 우연을 도입해 본다면, 맑스주의를 기본원리로 삼는 혁명운동 역시 동아시아 사람들의 지역감각을 격렬히 뒤흔든 계기였다 할 수 있다. 19세기 유럽에서 시작한 국제공산주의운동은 결과적으로 유럽제국주의의 '약한 고리'였던 러시아에 사회주의혁명을 초래하여 세계의 지정학적 편제를 크게 바꾸어 놓았다. 제3인터내셔널[1]의 성립과 함께 활력이 붙은 국제공산주의운동이 유럽제국주의의 식민지로 전파되자 반제민족주의의 기운이 한층 고무되었다. 또한 1917년 이후 민족독립이 전세계적으로 확산되면서 러시아혁명의 모델을 세계화하려는 미증유의 실험까지 생겨나고 있었다. 물론 이런 시도가 어떤 결과를 남겼는지에 관해서는 한마디로 평가할 수 없다. 다만 여기서 중요한 것은 그 과정에서 고조된 민족독립의 이념과 공산주의 이념이 새로운 우방관계를 형성했다는 사실이다. 예를 들어, 중국은 청대(淸代)부터 줄곧 영토 문제로 러시아와 갈등을 겪어 왔지만, 민족주의가 융성하고 공산주의 이념이 확산되자 일시적이나마 러시아(소련)와 동맹관계를 맺었던 것이다.

물론, 과거의 민족주의, 국제공산주의 운동을 미화할 생각은 없으며 그것들이 성공했다고 말하려는 것도 아니다. 다만 그런 이념이 매개가 되어 타자인식이나 지정감각의 변화를 이끌어 냈다는 사실만큼은 강조해 두고 싶다. 실제로 인도나 이집트 등 유럽제국주의의 식민지에서 혁명 이전의 러시아는 유럽열강의 일부로 인식되었다. 그래서 일로전쟁(1904~1905)이 일어나자 일본을 자기편으로 인식하고 일본의 승리에 고무되기도 했지만, 그런 태도는 일한병합과 러시아혁명 이후 일변한다. 일본은 점차 유럽열강과 같은 존재로 인식되었고, 러시

---

1) 공산주의 인터내셔널(Communist International), 코민테른(Comintern)이라고도 한다. 1차세계대전으로 제2인터내셔널이 와해된 후 레닌의 지도 하에 각국 노동운동 내 좌파가 모여 1919년 모스크바에서 창립하였다. 맑스레닌주의를 사상적 기초로 중앙집권적 조직을 가지며 각국 공산당에 그 지부를 두었다.

아(소련)는 제국주의 억압에 맞서는 이념의 중심부로 자리 잡았다. 다분히 환상적이지만, 러시아혁명과 중국혁명은 유럽제국주의에 대한 저항의 중심으로 상징되었다. 특히 식민지역의 지식인들에게 그것은 유럽 근대의 이념을 뛰어넘는 무언가로 받아들여졌다. 거기에 분명 이념의 새로운 편제와 함께 지정학적 친근감의 변화가 발생했던 것이다.

*

지금까지 말한 것은 그저 하나의 사례일 뿐이다. 어떤 지역 혹은 민족에 대한 거리감은 분명 친밀감을 구성하는 그 당시의 관념과 이념 그리고 문화(정책)에 따르며, 당연한 이야기지만 반드시 물리적 거리에 의해 결정되는 것은 아니다. 뒤집어 말하면, 물리적 거리가 가까운 지역이나 민족이라도, 자신과 다르거나 열등한 자로 타자화할 수 있다. 이러한 문화지정학적 거리감각이 급격히 뒤바뀐 가장 대표적인 사례는, 역시 일청전쟁 이후 일본과 아시아의 관계였다. 다른 아시아 지역보다 앞서 유럽식 근대화를 추진한 일본은 넓은 의미에서 중화문화권으로부터 이탈하기 시작했고, 점차 인근 아시아의 여러 나라를 멸시했다. 그리하여 앞서 만들어진 이념이 또 한 번 비틀린다. 아시아 침략과 식민지화를 합리화하기 위해 일본은 아시아의 지역적 일체성을 날조했고, 아시아를 유럽열강으로부터 지킨다는 이념으로서 '대동아공영권'을 만들어 냈다. 이 시기 일본은 유럽열강과의 적대관계로 인해 '동아'(東亞)를 '친구'라 불렀지만, 실상은 침략과 식민화의 대상일 뿐이었다. 이렇듯 '동아'라는 선택된 지역 이념은 유럽 근대를 매개로 삼는, 적과 아의 함수관계로서 존재했다 할 수 있다. '동아'라는 지역 이념은 이른바 일본제국주의의 부산물이다. 이때 중요한 문제는 그렇게 설정된 지역성 안에서 자신의 위치를 결정해야 하는 곤란함(그리고 그 곤란함의 회피)이다. 나는 이 곤란함을 해결하는 보조선(補助線)으로서 '적대성'(敵對性)이라는 개념을 제기하려 한다. 앞서 언급했던 슈미트는 『파르티잔』에서 '적'이란 사실 자기 자신의 문제라고 말하고 있다.

적은 우리 자신을 형성하는 문제이다. 자신을 형성하는 것이 명확히 결정되어 있다면, 그때 적의 이중성은 어디에서 나오는가? 적은 어떤 이유에서 제거되어야 할, 혹은 가치가 없기 때문에 절멸되어야 할 대상이 아니다. 적은 내 속에 있다. 나 자신의 척도와 경계를 얻고 나 자신을 형성하기 위해 적과 투쟁해야 한다.

슈미트에 의하면 자신의 토지를 지키기 위한 파르티잔의 싸움에서 '적'이라는 척도는 상대에 있지 않다. 그것은 오직 '적'과 싸우는 이유를 자기 안에서 어떻게 만들어 낼 것인가라는 자신의 태도(특히 자신이 속한 토지에 대한 애착)에 관한 것이다. 조금 단순화해서 말하면, 누가 '적'으로 현전(現前)하는지를 결정하는 기준은 '적'을 '적'으로 인식하는 자기 내부에 있다. 슈미트 식의 문제설정 방식은 지역성의 재편에 수반되는 지정감각 및 타자인식의 변화를 설명하는 데 튼튼한 이론적 버팀목이 되어 줄 것이다. 누구를 '적'으로 대하고 싶은가, 혹은 '적'으로 대하고 싶지 않은가. 여기에서 모든 것이 시작된다. 어떤 사람들을 가깝게 느끼고, 어떤 사람들에게 불편을 느끼는가. 그것은 자기 현실과의 함수다. 바로 이처럼 타자인식과 지정학적 문화의 유동성 속에서, 지역성의 재편을 논할 시좌(視座)가 요청되는 것이다.

다시 한번 근대 일본으로 돌아가면, 1894~1895년의 일청전쟁 그리고 1904~1905년의 일로전쟁 이후 일본은 그 자의식과 아울러 지역에 관한 시각을 바꾸어 갔다. 일청전쟁에 승리하면서 중화문화권으로부터 사실상 이탈했으며, 일로전쟁에서 승리한 후론 실상이야 어떻든 서양열강의 일원이 되었다는 주관적인 자기인식을 얻게 되었다. 그리고 1895년 대만 할양과 1910년 조선 병합에 이르러서는 서양열강처럼 식민지를 경영하는 제국이라는 자각을 갖기에 이른다. 어떤 의미에서 보면 1890년대부터 1910년대에 이르는 이 20년간의 변화는 일본인의 자의식과 지역감각에 큰 변화를 가져왔다. 단 20년 동안에 말이다. 거듭 말하지만 지역적인 것만큼 무의식적인 것은 없다. 자신의 존재방식이란 부지불식간에 변하기 때문이다. 그러나 이런 변화는 결코 자연스럽게 일어나지 않는다. 거슬러 올라가면 16세기 후반부터 시작한 유럽 근대의 전지구화라는 물결 속에서 일본은 어떤 태도를 선택했다. 그리고 그 선택은 자신이 속해 있던 동아시아(중화권)에 대한 결정적 적대성을 낳았다. 뒤집어 보면 일본의 그런 선택과 그 이후의 존재방식 역시 유럽 근대의 확장 과정중에 생겨난 하나의 모델, 혹은 결절점(結節點)이었다고 생각할 수도 있을 것이다.

2

원한에 맺힌 지역
— 일본과 아시아

1장_일본과 아시아의 현재성을 규정하는 것들

1. 일본인에게 보이지 않는 '아시아'

'아시아'는 유럽 근대의 확장 과정에서 '발견'되었다. 아시아라 불리는 지역이 유럽과 만난 것은 처음에는 기독교 전파에 의해, 나중에는 의학·군사학 등 다양한 근대지식을 통해서였다. 이 점에서 보면 일본, 중국 그리고 조선과 같은 아시아 국가 및 지역들 간에 그다지 큰 차이는 없어 보인다. 또한 그 중 광의의 의미에서 중화문화권 안에 있었던 에도시대 일본 지식인들은, 유럽 세력의 확장을 감지하는 가운데 중국과의 관계를 재정의하고 나아가 자신의 상을 확정하는 과정에서 다양한 시행착오를 겪고 있었다. '구로후네'(黑船)[1]가 내항하기 이전 일본의 지적 시야의 변화양상을 상세히 서술할 능력이 나에게는 없다. 다만 확실한 것은, 메이지근대 이래 유럽에 의해 발견된 '아시아'라는 개

---

1) 1853년 7월 미국의 페리 제독은 동인도함대를 이끌고 우라가(浦賀)에 내항해 개항을 요구했다. '구로후네'는 이때 내항한 군함을 일본인들이 부르던 말이다.

념이 일본 지식인의 몇 가지 담론편제 속에서 모종의 독특한 방식으로 기능하게 되었다는 사실이다.

그러한 역사적 맥락을 일별하기 위해, 오카쿠라 덴신(岡倉天心)이 쓴 『동양의 이상』의 운명을 돌이켜 보려 한다. 인도 여행에서 돌아온 오카쿠라는 1903년(메이지 36년) 런던에서 『동양의 이상』(The Ideals of the East)을 출판했다. 단순하게 생각해도 이런 텍스트의 가시적 독자는, 구미(특히 영어권)나 그 식민지배 하의 토착지식인일 것이다. '아시아는 하나'라는 그의 슬로건은 확장일로에 있던 유럽세력의 압박을 받는 과정에서 떠오른 수행적(performative) 이미지였지만, 바로 그 유럽적 시선반경의 확장 속에서 '아시아'가 발견될 수 있었다. 『동양의 이상』을 유럽 언어로 써야 했던 사실 자체가 어떤 의미에서 식민 지성을 말하고 있는 셈이다. 그런데 그로부터 35년간의 우여곡절을 겪고 난 1938년, 『동양의 이상』이 일본어로 출판되었다. 이 경우 역사적 맥락이 '아시아는 하나다'를 훗날 일본에 등장한 '대동아' 이데올로기 장치로 가동시킨 것은 더 말할 것도 없다. 35년이라는 세월의 풍상을 겪은 이 텍스트가 번역되고 이동하는 과정에서 대체 무슨 일이 일어났던 것인가? 거칠게 말하면 일본이 아시아를 침략하고 식민지로 지배했으며, 그 반대편에서는 반(半)식민지 상태의 아시아 각지에서 민족주의가 흥성했다. 흥미로운 사실은 『동양의 이상』이 일본어로 번역되기까지의 기간인 35년의 딱 중간에 해당하는 1919년에, 조선의 3·1 독립운동, 중국의 5·4운동 같은 항일 민족주의가 동아시아에서 거대한 연쇄효과를 일으켰다는 점이다. 다시 말해 『동양의 이상』은 거기에 담긴 오카쿠라의 의도와는 달리 번역되는 여정에서 1919년의 파동을 그대로 비켜갔다. 이는 일본의 '아시아' 담론구조가 1919년을 놓쳐 버린 채 성립되었음을 의미한다.

여기에 일본인에게 보이지 않는 '아시아'가 있다. 그렇다면 개별 사례 속에서 그것은 어떤 보이지 않는 구조로 존재하고 있을까? 20세기 초 일본과 관계한 아시아 지식인들의 상황을 참조틀로 삼는 것이, 하나의 가능한 접근법이 될지 모르겠다. 일례로, 일본 식민지 통치 하에 살다 간 조선 시인, 윤동주의 삶을 살펴보자. 윤동주는 1917년에 태어나 1940년대에 일본에서 유학했다. 1943년 독립운동에 연루되어 치안유지법 위반으로 투옥되었으며, 패전 직전인 1945년에 옥사했다. 그의 시는 생전에 세상에 나오지 못했다. 나는 그가 일본 감옥에서 죽었다는 사실 그 자체가 식민지배의 가혹함을 보여 준다고 생각한다. 극단적으로 말하자면, 일본에서 아시아라는 관념은 식민지배 하에 살아가는 인간의 '소리'를 틀어막음으로써 성립되었다고 할 수 있지 않을까?

또다른 예로, 일로전쟁 전후 수년간 일본에서 유학했던 루쉰(魯迅)의 사적(事跡)을 들어 보자. 루쉰이 센다이(仙台)의학전문학교 시절 중국인의 처형 장면을 환등기로 보고 문학(국민정신의 개조)으로 방향을 전환했다는, 거의 전설화된 일화를 새삼스럽게 끄집어 낼 생각은 없다. 내가 주목하고 싶은 것은 너무 심하다 싶을 정도로 유명해진 루쉰이 지금까지 어떻게 이미지화되어 왔는가 하는 점이다. 1949년 신중국이 성립된 이래로, 루쉰은 신중국을 상징하는 지식인으로서 국가 안에 편입되었다. 그런데 일본에서는 루쉰에 관한 몇 가지 색다른 접근법이 시도되어 왔다. 전전(戰前)만 하더라도, 다케우치 요시미(竹內

好)²⁾의 평론 『루쉰』(魯迅, 1944)과 다자이 오사무(太宰治)의 단편소설 『석별』(惜別, 1945)은 서로 대비된다. 다케우치의 『루쉰』은 1944년 그가 징병 당하기 직전에 쓴 것으로, 중국 지식인들이 안고 있던 혁명과 문학 사이의 긴장관계를 루쉰이라는 인간의 내면을 통해서 조명했다. 그와 대조적으로 다자이가 『석별』에서 그린 센다이 시절의 루쉰〔周樹人〕은 당시(1940년대) 대동아공영권 구상 내부, 일중우호(日中友好)라는 문맥 안에 갇혀 있다. 다자이의 소설에는 일본옷을 입고 일본 국학(國學)에 심취한 루쉰의 형상이 그려져 있다. 여기서 중요한 것은 다자이가 그린 루쉰 형상의 진위를 가리는 일이 아니다. 일본에서의 중국 문제를 푸는 함수로서, 루쉰이라는 기호가 다양한 문화적 텍스트로 재구조화하는 과정과 그 속에 숨겨진 문화 헤게모니의 양태에 주목하자는 것이다.

　　다소 단순화시켜 보면, 시인 윤동주처럼 그 존재 자체를 압살 당했던 경우가 있는가 하면, 루쉰처럼 재해석된 다양한 문화 텍스트들이 그 이미지 형성 과정에 개입한 경우도 있었다. 그리고 바로 그 해석과 해석 과정에, 일본인의 '아시아'가 어떤 '어긋남' 혹은 잉여로서 현재화(顯在化)하고 있다고 할 수 있으리라.

---

2) 중국문학 연구자·문학평론가·루쉰 연구자. 일본과 중국, 일본문화에 관한 평론들을 발표했다. 도쿄제국대학 문학부 지나문학과를 졸업했고, 재학 중 '중국문학연구회'를 결성하여 졸업 후에도 활동했다. 1937년 베이징에 유학했고 1943년 육군으로 징집되어 중국 대륙에서 패전을 맞았다. 1960년 안보투쟁 중 도쿄도립대학 교수직을 사퇴하고 잡지 『중국』을 간행하며 루쉰 연구자로 말년을 보냈다. 대표작으로 『루쉰』, 『근대의 초극』, 『일본과 아시아』 등이 있다.

2. 전전(戰前) 일본의 공간인식

일본인의 세계/아시아 인식의 현재성(現在性)을 살피고 나아가 전전 일본인의 지역적인 공간인식이 어떻게 편제되었는지를 추적하기 위해 본장을 배치했지만, 지면 관계상 내가 짚을 수 있는 최소한의 논점만을 정리하고자 한다. 먼저, 나는 메이지유신에서 일청(1894)·일로 전쟁, 만주사변(1931)으로 비롯된 일중전쟁(1937), 태평양전쟁(1941)에 이르는 전전 일본의 상황에 대해, 가장 중요하다고 생각하는 지점만을 지적하겠다. 그리고 부연하여, 역사적으로 중요한 역할을 담당한 지식인들의 세계/아시아 인식이 구조화하는 양상을 분석할 것이다.

가장 큰 문제는 자신의 의지와는 별도로 일본이 언제부터 하나의 국가 형태로서 아시아 침략 체제를 정비했는가 하는 점이다. 여기서 내가 '자신의 의지와는 별도로' 라고 말한 대목을 좀더 확장해 보자. 나로서는 일청전쟁 이전 혹은 일로전쟁 때까지는 일본 내셔널리즘이 건전했다고 주장하는 시바 료타로(司馬遼太郎)의 역사관이 지금껏 폭넓은 지지를 얻고 있는 것이 의문이다. 물론, 내셔널리즘 자체가 주관적 역사의식을 배양하는 토양이기도 하지만, 여기서는 군사편제의 전환을 실질적 참조틀로 삼아 보자. 먼저, 일본이 대(對)아시아 확장주의의 길에 들어섰다는 명백한 징후가 있다. 그것은 1870년대 후반에서 1890년대 전반까지, 근대 일본이 일청전쟁에 이르는 과정에 드러나 있다. 이 약 20년의 시간이란, 1877년 세이난전쟁(西南戰爭)[3]을 정점으로 하는 국내 반란기부터 후기 자유민권운동의 확산적·산발적 저항이 종결을 고한 때까지다. 반란군을 진압하기 위해 재편한 지방 군사

조직 '진대'(鎭臺)를 사단(師團)으로 개칭한 것은 1888년 이후였다. 도쿄에서 센다이, 나고야, 오사카, 히로시마, 구마모토 등의 '진대'에 차례로 번호가 매겨졌으며(황궁을 지키는 군사만은 근위도독近衛都督이라 불렸다), 마지막으로 홋카이도(北海道)의 둔전병(屯田兵)이 제7사단으로 개칭되었다. 이 여덟 개의 사단이 일청전쟁에 동원되었던 것이다. 대외확장을 위해 군사조직을 재편 중이던 1890년 제1회 제국의회(帝國議會)에서 총리 야마가타 아리토모(山縣有朋)[4]가 연설했는데, 바로 이 연설이 당시 일본의 대외 방침을 상징적으로 결정지었다고 할 수 있다. 여기에는 분명 대외진출을 향한 이해-관심이 관통해 있다.

> 예산장(豫算帳)에서 세출의 가장 많은 부분을 점하는 것이 곧 육해군 경비입니다. (중략) 대저 국가의 독립과 자위에는 두 가지 길이 있습니다. 첫째는 주권선(主權線)을 수호하는 것이며, 둘째는 이익선(利益線)을 보호하는 것입니다. 그 중 주권선이란 나라의 영역(領域)을 말하며, 이익선이란 그 주권선의 안위와 밀착관계가 있는 구역(區域)을 가리킵니다.

이 연설에서 야마가타는 일본의 영토를 주권선으로 확장한 뒤 이익선이라는 개념을 설정함으로써 대외진출을 염두에 둔 예산편성의

---

3) 메이지정부에 불만을 가진 사족(士族)들이 벌인 최대·최후의 반란이다. 정한론을 주장하다 관직에서 물러나 가고시마(鹿兒島)에 사학을 세운 사이고 다카모리(西鄕隆盛)가 생도들을 이끌고 거병했다. 결국 구마모토(熊本)성 공격에 실패하고 정부군에 진압당한다.
4) 일본내각총리대신, 육군대장을 역임했다. 초슈한(長州藩) 하급무사 출신으로 일본 군대와 정부에 큰 세력을 떨쳤다.

필요성을 제시하고 있다. 1880년대까지 일본은 사이고 다카모리 일파의 정한론(征韓論)을 억압하고 군사조직에 쓸 예산을 국내통치로 돌리고 있었다. 그런 기존의 노선이 여기서 크게 바뀐 것이다. 주권선, 이익선이라는 지역적 군사지정도(軍事地政圖)가 제시되는 대목도 주목을 요한다. 게다가 외교방침에 관한 훗날의 연설에 이르면, 이때의 이익선은 명확하게 조선반도가 되고 그 조선반도가 일본에 적대적인 서양열강(혹은 청국)에 침략 당하지 않도록 조심해야 한다는 주장이 나오고 있다. 바로 그런 야마가타의 주장을 그대로 본뜨기라도 하듯, 일본은 조선반도에서 발발한 일청전쟁에 전력을 기울였고 결국 조선반도에서 커다란 영향력을 발휘하게 되었다(전리품으로 대만을 새 영토로 할양 받았다). 이러한 추이를 추적해 보면 1890년 야마가타의 연설을 일본이 대외확장을 향해 박차를 가하던 시기의 지표(merkmal)로 보는 것은 상당한 타당성을 지닌다. 또한 '이익선'이라는 지역적 개념에 주목해 보면, 1910년 일한병합 이후에는 조선반도의 저쪽, 다시 말해 남만주(南滿洲)가 일본의 이익선으로 상정되었고, 1931년 만주사변으로 괴뢰정부를 세운 다음에는 인접 지역인 화베이(華北)가 다시 이해-관심의 대상이 되었으며, 종국에는 1937년 일중전쟁의 발발로 이어졌음을 알 수 있다.

    1890년에 나온 이 '이익선'이라는 지역적 개념과 함께, 이른바 근대 일본의 대외확장이 전개된 것이다. 이것은 게임판 위의 추상적인 공간감각이 아니다. 여기에는 1880년대까지 일본의 지역적 귀속에 관한 시야가 의식적·무의식적으로 재편되는, 지정감각의 변동이 드러나 있다. 여기서 최소한 근대 이전 일본이 그 문화 귀속의 주축이었던 중화문화권으로부터 이탈한 역사적 맥락만큼은 짚고 넘어가자. 그런 조짐은 1840년에서 1842년 사이, 아편전쟁에서 중국이 참패한 이후부터 있어 왔다. 요시다 쇼인(吉田松陰)[5] 같은 일본 지식인들은 이미 그때부터 중화문화권으로부터의 이탈을 염두에 두고 있었던 것 같다. 그러나 1880년대 일본에는 니시 아마네(西周)[6]로 대표되는 바 청국과 제휴하여 서양열강의 압박에서 벗어나자는 일청제휴론 같은 뿌리 깊은 청국 숭배의 토양이 아직 존재하고 있었다. 다만 일청관계를 보면, 1871년 일청수호조약 체결 이후 구래의 중화문화권적 질서가 국제법〔萬國公法〕에 의거한 국가간체제로 대체되고 있었다. 한편 일조관계는, 1876년 일조수호조약(강화도조약)에서 표면적으로는 '조선은 자주국으로서 일본국과 평등한 권리를 부여한다'고 명시했지만, 실상은 일본의 영사재판권과 조선연해측량권 나아가 수출입무관세특권 등을 인정하는 불평등한 관계였다. 이 일조수호조약은 불평등관계를 강제하는 것을 넘어, 조선을 중화문화권의 질서 바깥으로 끌고 나오려는 의도, 다시 말해 중화문화권의 질서를 파괴하려는 의도를 명확히 깔고 있었다. 이 대목에서 서양 중심 국제법의 일본적 유용(流用)이라는, 당시 중화문화권에 대한 일본의 전략이 부상한다.

---

5) 초슈 한시(藩士). 병학에 통달했으며 에도에서 사쿠마 쇼잔(佐久間象山)에게 양학을 배웠다. 늘 해외사정에 관심을 두던 그는 1854년 페리함대가 내항했을 때 시모다(下田)에서 밀항을 기도하다 투옥되었고, 안세이(安政) 대옥 때 처형당했다. 저서로 『서유일기』(西遊日記), 『강맹여화』(講孟余話), 『유혼록』(留魂錄) 등이 있다.
6) 이와미국(石見國) 쓰와노한(津和野藩) 출생. 계몽사상가. 네덜란드 유학 후 가이세이쇼(開成所) 교수로 일하며 『만국공법』(万國公法)을 번역했다. 모리 아리노리(森有礼)와 함께 메이로쿠샤(明六社)를 창립하여 서양철학을 소개했다. 'philosophy'를 '철학'(哲學)으로 번역했다.

그리고 일본의 이러한 대외진출에 대한 대응으로서, 훗날 후쿠자와 유키치(福澤諭吉)의 「탈아론」(脫亞論)에서 집중 조명된 서구화론자들의 담론 실천이 크게 얽혀 든다. 1885년에 저술된 「탈아론」은 그 자체로는 시의(時宜)적인 글로서, 당시 일본 지식인의 대외인식에서 특별한 의미를 지닌 것은 아니었다. 훗날의 시각에서, 특히 전후의 시각에서 그 제목이 세간의 스캔들로 떠올랐을 뿐이다. 후쿠자와 세계관의 본질이 담긴 것은 『문명론의 개략』(文明論之槪略, 1875)으로서, 그의 세계/아시아 관을 살피기 위해서는 이 책을 정밀히 분석해야 한다. 『문명론의 개략』에서 후쿠자와는 일본이 허물을 벗고 자립한 근대국가로 나아가려면 유교문화와의 결별이 가장 중요한 과제라는 견해를 선보였다. 그리하여 일본 내부의 문화구조를 개혁하겠다는 의지가, 유교문화의 담당자인 청국과의 결별 혹은 적대시로 귀결되는 전이가 발생한다. 그리고 그러한 전이의 매개체로 제시된 것이 이른바 세계의 통론(通論)인 '문명', '반개', '미개'라는 위계질서이다. 서양문명을 척도로 삼으면 '지나'(중국)는 '반개'로 분류된다. 여기서 모종의 비약이랄까, 이 시대 지식인으로서의 '결단'이 감지된다. 그리고 그 비약의 매커니즘 속에는 줄곧 서양이론이 개입해 있다. 아무튼 후쿠자와처럼 싫든 좋든 유학을 학습한 세대에게는 '결단'이었던 것이, 그다음 세대에는 자연화되어 버린 것이라 할 수 있으리라.

가령 일본의 대표적 문화인(文化人)이라 할 나쓰메 소세키(夏目漱石)나 아쿠타가와 류노스케(芥川龍之介) 같은 이는 여전히 교양으로서 한문 훈련을 받았던 이들이다. 그러나 그들 세대조차도 한편으로는 이미 서양의 시선으로 세계를 분절화하는 단계로 접어들고 있었다. 후쿠

자와는 그런 '결단'을 이미 완료한 지점에서 세계/아시아를 바라보고 있었던 듯하다. 흥미로운 사례를 하나 들어 보자. 그들이 중국 여행 중에 쓴 에세이를 읽다가 깨달은 것인데, 여행 도중 그들이 만난 인물은 하나같이 일본인이거나 서양인이다. 그 당시는 일로전쟁 중이라 중국 대륙 호텔에 투숙한 숙박객 대다수가 이미 일본인 아니면 서양인이었던 것이다. 소세키의 에세이 「만한 이곳저곳」(滿韓ところどころ, 1909)에도 다롄(大連)의 호텔에서 소세키가 영국인과 이러저러한 시사 문제를 토론하는 장면이 나온다. 즉 당시 일본인이 방문한 아시아는 이미 서양화(식민지화)되어, 아시아와의 만남은 '서양'과의 만남으로 대체되고 있다. 이것은 '탈아'가 실질적으로 기능하기 시작했음을 의미한다. 또다른 측면에서 아쿠타가와의 에세이 「지나 여행기」(支那遊記, 1921~25)의 특징을 살펴보자. 그는 5·4운동 이후 중국 지식인의 동향을 탐색하고자 장빙린(章炳麟)을 취재하기도 했지만, 전체적으로는 중국의 풍경과 음식, 여성을 통해 그가 한문공부로 얻은 우아한 지나 취향을 이미지화하는 데 집중하고 있다. 그러면서 그 이미지에 부합하지 않는 '중국'에 경멸적인 시선을 보내기도 했다.

지금의 정치적 올바름(political correctness)이라는 입장에서 일본을 대표하는 문화인들을 깎아내릴 생각은 없다. 중요한 사실은, 이들 세대에 의해 국제세계가 이미 '서양'과 동격이 되어 버린 현실, '아시아'가 배경으로 물러나 여백으로 변해 버린 현실이다. 그것이 1919년 5·4운동의 충격을 지나쳐 버린 아쿠타가와의 행동에 전형적으로 드러나 있다. 총괄하자면, 1910년까지 일본은 국제법을 끌어와 자신이 속한 중화문화권의 질서를 해체하고, 아시아를 자국에 유리한 방식으로 배치하기 시작했다. 물론, 거기에는 아편전쟁과 구로후네 내항을 계기로 의식된 서양열강에 대한 공포심이 강하게 작용하고 있었을 것이다. 그러나 결론적으로 일본은 아시아를 '이익선'으로 삼음으로써 그 공포를 불식하고자 했다. 나쓰메 소세키의 「만한 이곳저곳」은 그러한 '이익선'의 내부, 말하자면 열강들끼리 각을 맞춘 제국주의의 공간 안에서 쓰인 텍스트였다.

그러나 1차세계대전 이후 일본은 이전과는 또다른 전략을 마련해야 했다. 1917년에서 1919년에 걸쳐 러시아혁명과 1차세계대전이 종결되면서 소비에트연방과 미국의 국제적 발언권이 강화되었기 때문이다. 전쟁의 폐허에서 혁명정권을 세운 러시아에서는 타국의 영토를 침탈하거나 타민족을 폭력으로 병합하는 것에 반대하는 레닌의 「평화선언」이 소비에트대회에서 채택되었으며, 이것이 소련 평화정책의 기초가 되었다. 그리고 이 레닌테제에 호응이라도 하듯 이듬해인 1918년 미국 대통령 윌슨이 의회에 보낸 「윌슨 40개조」가 큰 반향을 일으켰고, 이후 '민족자결'의 관념이 세계적 조류로 확립되었다. 그리고 바로 그런 흐름에서 1919년 조선에서 민족의 독립을 요구하는 3·1운동이 일어났고, 중국에서는 일본의 「21개조 선언」과 산둥성(山東省) 영유권 주장에 대한 반발로서 5·4운동이 폭발했던 것이다. 또한 동아시아 바깥으로 눈을 돌려 보면, 이집트에서 반영(反英)운동이 폭발하고 인도에서 간디의 제1차 불복종운동이 시작된 것 역시 바로 1919년의 세계사적 의미를 증명해 주고 있다. 윌슨-레닌 테제는 바로 세계적 차원의 식민주의 비판으로서 파급력을 가졌던 것이다. 나아가 1919년 이후, 동아시아에서는 민족주의 폭발과 함께 사회주의 사조의 침투 역시 지역적 환경에 거대한 영향을 미치게 된다.

　이런 역사적 맥락에서 볼 때, 아쿠타가와의 「지나 여행기」는 분명 1919년을 충격으로 받아들이는 데 실패한 작품이라 하지 않을 수 없다. 아쿠타가와는 1927년 "막연한 불안"이라는 말을 유서에 남기고 자살했다. 일반적으로는 그의 자살은 다이쇼(大正) 교양주의문화를 부정하는 프롤레타리아문학의 세력이 확장되었기 때문이라고 알려져 있다. 그러나 다른 관점에서 그의 죽음은 일청·일로 전쟁 등 날을 세운 채 일류(一流) 제국주의를 향해 매진하던 일본에 대한 '막연한 불안'을 상징하는 것으로 볼 수도 있다. 일본은 조선의 독립운동에 대처해야 했고 러시아혁명에 간섭하기 위해 시베리아에 출병해야 했으며, 대만의 의회설치청원운동을 탄압하고 나아가 중국혁명의 전개에도 신경을 곤두세워야 하는 상황에 놓여 있었다. 이처럼 1919년 이후의 세계사적 격동과 아쿠타가와가 남긴 '막연한 불안'의 자장 안으로 좀더 깊이 들어가다 보면, 1919년과 아쿠타가와가 자살한 1927년의 중간 지점에 놓여 있는 간토(關東)대지진(1923)으로 생각이 미치게 된다. 간토대지진 직후 의도적으로 유포된 유언비어로 다수의 조선인들이 학살 당했는데, 여기에는 1919년 3·1운동의 저항을 겪은 일본인의 공포와 불안이 복선으로 깔려 있었다고 말할 수 있을 것이다.

　그렇다면 1920년대 이후 동아시아가 이러한 격동 속으로 쓸려 들어갈 때 일본정부는 어떻게 대처했던가? 돌이켜 보면 우선 해외이식민 개척사업을 종래의 외무성에서 신설부서인 척무성(拓務省)으로 이관한 데서, 이미 일본은 세계적인 반식민주의 조류를 외면하고 있었음을 알 수 있다. 또한 아시아 제국(諸國), 제 지역이 '민족자결'에 눈뜨는 과정을 주시하면서 싫든 좋든 민족국가를 초월하는 이념을 만들어 내야 했다. 1931년 일본은 만주사변을 일으켰고 그 이듬해 만주국을 세웠는데, 그 과정에서 구가한 이념이 바로 '오족협화'(五族協和)였다. 역사학자 고마고메 다케시(駒込武)는 『식민지제국일본의 문화통합』(植民地帝國日本の文化統合, 1996)에서 '오족협화'라는 이념이 동아시아의 '민족자결'에 도전하기 위한 것이었다고 지적했는데, 그야말로 정곡을 찌르는 분석이다. 이후 일본은 '민족자결'의 논리를 흘려 버리기라도 하듯 1937년 일중 전면전을 단행했고 이듬해 고노에 후미마로(近衞文麿)[7]를 통해 '동아신질서'를 선언하였으며, 나아가 1940년에는 왕자오밍(汪兆銘)[8] 정권과 일화기본조약(日華基本條約)을 체결하는 등 동아시아 맹주의 지위를 향해 질주했다. 그 최종 단계로 1941년 12월 8일 진주만을 공격하고 말레이반도에 군대를 상륙시켜 태평양을 무대로 미·영·네덜란드 연합군과 전쟁을 감행했다. 그 사이 두 차례에 걸친 고노에 내각의 실각이 있었고, 전선=이익선이 남태평양으로 확장되고 1942년 대동아건설이 선언되면서 '동아신질서'라는 개념은 '대동아공영권'으로 재편되었다.

아무튼, 이런 궤적은 1919년의 '민족자결'로부터 이탈하는 과정에 지역주의라는 수사가 포석으로 깔리는 과정을 보여 준다. 앞서 내용에 이어 말하면, 1929년 설치된 척무성은 1942년 '식민지배'의 색

---

7) 도쿄 출생. 일중 전면전쟁기에 수상을 역임했다. 1941년 제3차 조각을 단행했으나 도조 히데키(東條英機)의 대미 주전론에 패해 사직했으며, 종전 후 전범으로 체포되기 직전 자살했다.
8) 왕징웨이(汪精衛)의 본명. 광둥 산수이(三水) 출생. 일중전쟁 시기 일본과 합작한 경력으로 국민당에서조차 부정적으로 평가받고 있는 중국의 대표적 한간(漢奸)이다.

깔을 말끔히 벗은 '대동아성'으로 개칭되었다. 물론 여기에는 자잘한 단절들이 존재한다. 일중전쟁 발발기 고노에 아쓰마로(近衞篤麿)[9]가 구상했던 '동아신질서'와 태평양전쟁 이후 도조 히데키(東條英機) 내각이 내놓은 '대동아공영권'은, 사상의 질적 수준에서 근본적인 차이가 있다. 훗날 조르게 사건[10]으로 처형된 오자키 호쓰미(尾崎秀實)[11]가 「'동아공동체'의 이념과 그 성립의 객관적 기초」를 썼던 1939년, '동아신질서'의 이념은 그런대로 표면적으로는 만주국(푸이 정권)과 중국(왕자오밍 정권)의 자율성을 승인하고 있었으며 일본과 동등한 입장에서 서양열강에 대응하는 '협동'을 제안하고 있었다. 그러나 1942년 이후의 '대동아공영권' 구상으로 오면, 각 지역이 경제적 요인에 의해 분할되고 경제전체주의적 구상 속에 계서화되는 상황에 이른다.

나아가 또다른 측면에서, 이 '공영권'의 담론구조가 주로 독일지정학에 의해 보완되고 있다는 사실 또한 흥미롭다. 특히 패전 전 독일의 이익-관심의 최전선인 태평양에 관한 지정학 저서, 하우스호퍼(Karl Ernst Haushofer)의 『태평양 지정학』(Geopolitik des Pazifischen Ozeans, 1924)의 일본어판(1942)이 결정적 영향을 미쳤다. 물론 독일 지정학은 결국 '생명권'(生命圈)이라는 구상 아래 동유럽과 남유럽을

---

9) 교토 출생. 정치가. 일청전쟁 후 국민동맹회, 대로동지회(對露同志會)에 참가하여 대러강경책을 주장했다.
10) 조르게(Richard Sorge, 1895~1944)는 1933년 독일 신문기자로 가장하여 일본으로 잠입한 소련 스파이다. 1941년 오자키 호쓰미와 함께 체포되어, 1944년 11월 7일 러시아혁명기념일에 처형되었다.
11) 기후(岐阜) 현 출생. 타이베이에서 자라 타이베이제일중학을 졸업했다. 중국 연구가. 아사히신문 기자. 동아협동체론을 주창했다. 1941년 조르게 사건에 연루되어 처형 당한다. 저서로 『현대지나론』(現代支那論), 『현대지나비판』(現代支那批判) 등이 있다.

합병하고 침략하는 이데올로기로 기능했다. 이러한 담론구조의 분절 상황을 포함하여, 1930~40년대 지역적 사상실천의 궤적이 지금까지도 생생하게 남아 있다.

  이상으로 메이지유신에서 시작한 근대 일본의 궤적을 거칠게나마 살펴보았다. 그 안에는 야마가타의 연설로 상징되는 1890년 전후, 아시아에서 '민족자결'의 함성이 높아진 1919년 전후 그리고 '동아신질서'에서 '대동아공영권'에 이르는 1940년 전후 등 몇 개의 중대한 분기점이 존재한다. 그리고 각각의 분기점 주변에는 제국 일본의 세계/아시아 담론구조의 변동이 원인과 결과로 뒤얽혀 있다.

3. 전후 일본의 '독립' 과 '종속'

1945년 8월, 오키나와와 일본 본토가 초토화되었다. 15일, 전파를 타고 나간 천황의 육성은, 칼을 거두라고 명령하는 주체가 애초에 개전을 포고했던 주체와 동일하다는 점에서, '국체'가 보호되고 있다는 인상을 주고 있다. 동맹국이었던 이탈리아의 무솔리니가 교수형을 당한 것이나 독일의 히틀러가 연합군에 함락된 베를린 지하방공호에서 불에 탄 시체로 발견된 것과 비교하면, 이러한 결말은 세계사적으로 의외였다. 동아시아라는 맥락에서 일본의 '종전'은, 조선반도에서는 '해방'을, 대만에서는 조국으로의 귀환을 의미하는 '광복'을, 그리고 중국에서는 항일전쟁의 '승리'를 의미했다. 일본은 연합군총사령부(GHQ)의 관리 하에 있다가 '독립'하지만, 사실 GHQ는 미국 국무성의 파견기관으로 기능하고 있었다. 그 점에서, 전후 일미합작이 낳은 문제를 되돌아볼 필요가 생기는 것이다.

 하나의 전제 작업으로서, 1945년부터 시작된 일본의 패전 과정 그리고 그것과 한 배를 탄 동아시아의 냉전구조 구축 과정에 일정한 견본을 제시하기 위해서는 시기구분이 필요하다. 일본에서 말하는 '전후의 종언'이란 "이제 전후는 끝났다"고 노래한 『경제백서』(1956)의 맥락에서라면 얼마간 타당할지 모르겠다. 왜냐하면 일본은 전후 약 10년에 걸쳐 전전의 경제 수준을 회복했으며, 그것은 일본인이 상상한 '전후부흥' 이데아가 완성되었음을 의미했기 때문이다. 그러나 '전후부흥'의 완성이라는 의미에는 이렇게 단순화할 수 없는 복잡한 상황이 담겨 있다. 특히 동아시아라는 시야에서 볼 때 더욱 그렇다. 그 대략적인 문제를 우선적으로 제시하면, 신중국 성립(1949), 한국전쟁(1950~53) 등 동서냉전의 위기에 매개된 미국 GHQ의 일본/아시아 정책의 대대적 전환과 만나게 된다. 중국 국공내전의 귀추가 결정된 1949년 가을, 당시 국민당정권의 붕괴를 예감했던 미 국무장관 애치슨(Dean Gooderham Acheson)은 아시아 외교의 방향을 재검토하여, 당초 중국 중심으로 구상했던 아시아 질서를 인도 중심으로 바꾸고자 했다. 그러나 그것은 애치슨-네루회의(1949. 10)의 불화로 좌절되었고, 미국의 아시아 구상은 급속히 일본 중심으로 기울었다. 다시 말해, GHQ는 1945년 당초에는 일본의 재벌, 군대, 관료를 해체하겠다는 '약체화' 노선을 채택했다가, 후에 일본과 협동하여 동아시아를 공동으로 관리한다는 '대일강화'(對日講和) 정책으로 항로를 바꾸었던 것이다. 이는 분명 경제정책의 전환과도 연동되어 있었는데, 그 상황은 당시 일본조선경제과장 에드윈 마틴(Edwin Martin)의 각서(1947)를 정식으로 채택(1950)하는 과정에서 집약적으로 드러난다. 이 각서에는 일본의 공업기술을 회복시켜 그것을 아시아의 원료, 시장, 하청공업과 연계하겠다는 구상이 들어 있다. 다시 말해, 전쟁 직후에는 '대동아공영권'을 해체하기 위해 동아시아의 내셔널리즘을 키울 생각을 했던 미국이, 신중국의 성립에 화들짝 놀라 차라리 과거 '대동아' 경제지역주의를 허용하는 쪽을 선택해 버린 것이다. 당시 동서냉전의 골이 깊어가는 상황에서, 일본 경제는 조속한 독립과 인플레이션의 수습을 필요로 하고 있었다. 디트로이트의 은행장 돗지(Joseph Dodge)가 특명대사로 일본에 파견되었고 1949년 봄 '돗지 라인'(Dodge Line)이라는 강력한 디플레이션 정책이 시행되었다. 일본에서는 자유경쟁이 촉진되었지만, 미국의 원조와 정부보조금이 끊어지자 세금 강화와 자금 부족으로 다수의 중소기업이 도산했다. 그러나 1950년 6월 25일, 한국전쟁이 발발했고 일본은 이 군수경기를 기화로 삼아 경제를 기적에 가까운 속도로 회복시키는 데 성공했다. 군수산업이 부활하자 조선반도를 향하는 미국 폭격기가 요코다(橫田) 기지와 오키나와(沖繩) 기지 등에서 출발하는 일이 빈번해졌다. 그리고 이 시기(1950. 8) 경찰예비대(지금의 자위대)가 발족하는 등, 이른바 일미안보체제의 기초가 다져졌다. 바로 이 과정에서 미국의 정치상황에 연동하듯, 일본에서도 레드 퍼지(Red Purge ; 적색분자추방)가 진행되었던 것이다. 주목할 것은 1950년 6월 공산당원을 공직에서 추방한다는 말이 인구에 회자되는 한편, 한국전쟁에 개입하기 위한 포석으로 1949년 가을 재일본 민족단체인 '재일조선인연맹'의 해산명령이 내려졌다는 사실이다.

이러한 흐름의 또다른 측면으로 1951년 9월 샌프란시스코강화조약을 목표로 하는 대일강화(對日講和) 과정이, 결과적으로 배상 문제를 등진 채 일본을 국제사회로 복귀시켰다는 사실을 상기할 필요가 있다. 그것은 또한 일본이 과거에 전쟁을 일으키고 식민지로 삼았던 제 지역, 제 국가들과의 전면 강화(講和)가 좌절된 사실과 연관되어 있다. 그 점에서 '전후'가 배태한 가능성이 종언을 고했다고 해도 좋을 것이다. 1956년 이른바 '전후의 종언'은 1949~51년 사이 미국의 대아시아 방침이 전환되는 데 결정적으로 작용했다. 또한 그것을 증명이라도 하듯, 샌프란시스코강화회의는 조선대표와 중국대표를 출석시키지 않았다(소련은 참석했으나 반대했다). 뿐만 아니라 필리핀이 요구한 80억 달러를 비롯한 전후배상안건도 좌절되었고, 오스트레일리아와 뉴질랜드도 배상보다는 장래의 대일 안전보장을 구하는 데 급급했다. 또한 프랑스, 인도네시아, 네덜란드도 대일 배상 문제에 대해서는 쓴 입맛을 다시는 데 그쳤다. 총괄하면, 이처럼 GHQ의 대일 노선전환('약체화'에서 '일본 중시'로)이 1945년 이후의 10년을 규정하는 주선(主線)이 되었다 할 수 있다. 그러나 동아시아의 다른 나라와 지역을 보면 대체로 '해방'에서 '내전', 냉전/분단 체제의 고착화라는, 말하자면 주선과 어긋나는 궤적을 그리고 있었다.

*

여기까지 일본/아시아의 '전후'를 스케치해 보았다. 이 흐름 속에서 일본인의 정신적 상태는 과연 어떻게 이동해 갔을까? 아니, 그 안에서 일본 지식인들은 어떤 자기인식을 가지고 있었을까? 마루야마 마사오(丸山眞男)의 두 편의 논문, 「초국가주의의 논리와 심리」(1946)

와 「일본의 내셔널리즘」(1951)을 재독하면서 이 문제를 짚어 보도록 하자. 먼저 전쟁 직후, GHQ의 통치정책이 아직 '약체화' 노선을 채택하고 있던 시기에 쓴 「초국가주의의 논리와 심리」를 보자. 이 책은 전후사상의 첫발이라 할 기념비적인 논문으로서, 저자의 문제의식은 주로 전전(戰前)의 일본을 이해하는 데 집중되어 있었다. 이 글에 제기된 '초국가주의'(超國家主義)라는 개념은 독일의 정치학에서 유래한 것으로, 마루야마는 먼저 메이지국가의 제작물인 천황중심국가체제를 슈미트의 '중성국가'(Ein neutraler Staat)로부터의 일탈로 규정하는 데서 자신의 논지를 시작한다. 이 참조틀 안에서 마루야마는 '지강'(至强 ; 권력)과 '지존'(至尊 ; 권위)의 분리가 일본 정치문화의 본래적 특징이었다고 주장한 후쿠자와 유키치(『문명론의 개략』)를 비판했다. 『문명론의 개략』에 의하면, 일본에서는 '권력'과 '권위'가 분리되어 있었기 때문에 대외 문제에 쉽게 적응하고 국내 문제에도 유연하게 대처할 수 있었던 반면, 중국에서는 이 두 가지가 일체화되어 있어 고루함을 면할 수 없었고 서양문명에 적응하는 데도 둔감했다. 마루야마는 메이지근대국가에 관한 후쿠자와의 분석을 완전히 뒤집는다. 일본이야말로 메이지유신 이후 권위와 권력이 일체화되어 1945년 패배에 이르는 파멸의 길을 걷게 되었다는 것이다. 바로 이 지점에서 그는 천황제의 성격을 '종축(縱軸)의 무한성〔天壤無窮의 皇運 ; 황실의 영원성을 의미〕에 담보되는 '가치의 무한유출'로 정식화했다.

또한 「초국가주의의 논리와 심리」 서두에서 그는 '억압의 이양〔壓迫の移讓〕이라는 유명한 말로 일본군의 성격을 규정하고, 조선반도에서의 이등병 시절에 대해 이야기한다. 그 점에서, 천황 육성방송이

흘러나오기 전에 일본인이 어떤 기제 속에서 살고 있었는지를 더듬어 살피는 것이 마루야마에게 무엇보다도 긴요했음을 어렴풋하게나마 짐작할 수 있다. 다만 그 이후에는 마루야마가 자신의 군대 경험을 직접 서술하는 일이 거의 없어진다. 그것은 아마, 마루야마 세대에게 군대 경험은 어떤 의미에서 보면 주어진 조건이었기 때문일 것이다. 그러나 「초국가주의의 논리와 심리」에서 내린 다음과 같은 결론으로부터, 일본의 명백한 패배라는 타율적 규정이야말로 일본 전후 혁명(개혁)의 주요한 조건이 되었음이 발견된다. 어떤 의미에서 마루야마의 '외지' 경험이 의식 바깥으로 날아가 버리게 된 필연성이 엿보이기도 한다.

일본 군국주의에 종지부를 찍은 8월 15일은, 초국가주의 전 체계의 기반인 국체가, 그 절대성을 상실한 오늘에야 비로소 자유로운 주체가 된 일본국민에게 그 운명을 내맡긴 날이기도 했다.

뒷 세대의 후험적 지혜로 이 논문에 사용된 언어를 비판할 생각은 없다. 그러나 여기서, 열도의 규모로 축소당한 국민의 자명성을 순진무구하게 받아들이는 명백한 상황에 주목하지 않을 수 없다. 분명 일본은 만주, 조선반도, 대만의 모든 식민지를 손에서 놓았던 시점에서 전후를 출발했다. 그러나 아무리 제국헌법의 영역 바깥이라 해도, 식민지에 살던 대부분의 사람들이 황국신민으로 침략전쟁에 동원되었던 것이 사실이다(그것을 어떻게 서술할 것인가). 마루야마로 대표되는 전후사상의 공통점은 과거 식민지 지역을 간과함으로써(아니, 간과했기 때문에) 일본국민을 새로이 일으킬 수 있었다는 데 있다. 전후 일본 문제의 뿌리가 존재하는 지점 역시 이곳이다. 그런데 일본제국을 패배로 내몬 것은 일중전쟁이었지만, 표면적으로 보아 일본은 미국과의 전쟁에서 졌기 때문에 어쩔 수 없이 식민지를 포기했던 것이다. 그런 면에서, 옛 식민지 지역이 간과되는 것은 어찌 보면 당연한 일이다. 그러나 그렇다 쳐도 1946년의 시점에서 쓴 「초국가주의의 논리와 심리」가 전후혁명의 '환상'에 젖어 있었다는 점만큼은 확실하다. 경제적으로 빈곤하고 국가적으로 독립하지 못한 상태지만 장차 국가가 '독립'하면 이제까지의 불확실한 부유(浮游) 상태에서 벗어나 전후혁명(개혁)을 일으킬 수 있다고, 그는 말하고 있다.

그런데 신중국이 성립하고 한국전쟁이 발발한 시점에 쓴 「일본의 내셔널리즘」에 이르면, 미국 아시아정책의 방향전환으로 인해 마루야마의 이런 낙관적 논조에는 미묘한 음영이 드리워진다. 1945년 패전부터 GHQ와 결탁하는 시기까지의 상황을 분석하기 위해, 마루야마는 '내셔널리즘'을 끌어왔다.

한때 중국의 절반과 동남아시아 그리고 남태평양을 거의 완전히 제압했던 대일본제국은 패전으로 인해 금세 원래의 깨알같이 작은 섬나라로 축소되었다. (중략) 패전이 내셔널리즘의 불꽃을 지피는 경우가 종종 있었음에도 불구하고(나폴레옹 정복 후의 프로이센, 보불전쟁 후의 프랑스, 일청전쟁 후의 청나라, 1차세계대전 후의 독일 등), 일본의 경우는 전술한 것처럼 외부 사람들이 놀랄 정도로 침체되었고 상당히 오랜 시간 동안 허탈감에 휩싸여 있었다.

여기서, 마루야마가 섬나라 국민들에게 전후민주주의를 일으키려 했던 출발선상에 '조선'(혹은 대만)이라는 글자가 보이지 않는다는 점을 다시 한번 생각하게 된다. 나아가 섬나라의 상태로 되돌아간 일본을 메이지유신 당초의 규모와 비교하는 점에서도, 그가 식민제국이라는 일본의 과거를 소거하고 있음을 알 수 있다. 이 시기 마루야마에게 중요한 것은 '깨알같이 작은 섬나라'의 내셔널리즘을 어디서 찾을까 하는 문제였다. 그러나 같은 글에서 그는 "**어떤 의미에서 보면** 8월 15일을 정점으로, 일본 내셔널리즘은 종래 식민지 혹은 반식민지였던 극동지역의 그것과 다분히 공통된 과제를 짊어지게 되었다"고 하여, 1950년대 절정에 이른 **아시아 내셔널리즘을 참조틀로 삼아** 일본의 위치를 짚고 있다. 다만 거기서 "아시아 제 국가들 중 일본 내셔널리즘은 **이미 그 처녀성을 상실했다**"고 말해 한때 근대 일본의 내셔널리즘이 울트라내셔널리즘으로 전화되었던 경위를 또다른 각도에서 육박해 들어가긴 했다. 그는 일본이 아시아의 내셔널리즘에 가담하는 것이 불가능하다는 전제 위에서, 전후 일본 내셔널리즘의 박약함을 분석하고자 했다. 민주주의(바이마르 시기) 실현 후 등장한 독일 파시즘이 개개인의 주체성을 기축으로 삼았다면, 일본의 울트라내셔널리즘은 민주주의혁명을 겪지 않은 상태, 즉 개개인의 주체성을 경유하지 않은 얼뜨기파시즘이었다는 것이다. 이어서 그는 그렇기 때문에 "중앙의 집중력이 이완되자마자 자동적으로 분해되고 옛 둥지, 즉 사회구조의 저변을 이루는 가족, 촌락, 지방 소집단 속으로 환류해 들어갔다"고 결론지었다.

마루야마의 이런 문제설정은 전후의 허탈한 상황을 "대중의 원상(原象)"이라는 말로 사상(思想)화한 요시모토 다카아키(吉本隆明)[12]와

접점을 이루지만, 동시에 그것은 두 사람의 사상을 갈라 세우는 핵심이기도 하다. 전후의 허탈한 상황에 대한 분석의 연장으로서, 마루야마는 바로 그렇기 때문에 일본에는 개개인의 주체성에 기반한 민주주의혁명이 필요하다고 말했다. 그래서 개개인의 '독립'이 당시 초미의 과제였던 GHQ 점령으로부터의 일본 '독립'과 겹쳐졌던 것이다. 이 두 개의 '독립'의 의미를 설정하기 위해, 마루야마는 일찍이 후쿠자와 유키치가 추구했던 '독립'의 이념을 전후의 상황에 맞게 재조정했다. 이런 마루야마의 입장은 어떤 면에서 보면 쇼와 천황의 「인간선언」(1946. 1)이 메이지유신의 「오개조어서문」(五個條御誓文)으로 되돌아가겠다는 결심을 보인 것과 궤를 같이한다고 할 수 있다. 다만 다른 점은 마루야마가 지향하는 일본의 '독립'이 점차 다른 모습의 내셔널리즘에 의해 침식당했다는 것이다. 이 글을 쓴 1951년, 마루야마는 기미가요, 히노마루, 경찰예비대가 서서히 부활하는 조짐을 비판하기 시작했다. 이러한 내셔널리즘 비판은 미국이 동아시아-서태평양의 헤게모니를 장악하고 있는 지금까지도 설득력을 지닌다.

거기에 동원된 내셔널리즘은 그 자체로 **독립적인** 정치력이라기보다 차라리 보다 상위의 정치력 ——어쩌면 국제적인 그것—— 과 결탁한

---

12) 도쿄 출생. 평론가. 요시모토 류메이라고도 함. 1943년 도쿄공업대학 전기화학과에 입학하고 군대에 징병되어 패전을 목도했다. 문학자의 전쟁 책임을 추궁한 그는 1960년 안보투쟁을 전후 처리의 모순 해소를 위해 필수적이라 보고 지지했다. 그후 다니가와 간(谷川雁), 무라카미 이치로(村上一郎) 등과 『시행』(試行, 1961~1997)을 창간하고 스탈린을 비판했다. 안보투쟁에서 공산당 신화가 붕괴되고 신좌파가 분열되는 상황에서, 요시모토의 적극적인 논설은 당시 당파주의적·관료주의적 맑스주의에 진저리를 내던 젊은 층으로부터 커다란 지지를 받았다. 소설가 요시모토 바나나가 그의 차녀다.

무엇이다. 그것은 후자의 일정한 정치적 목적, 이를테면 냉전의 세계 전략을 위한 수단으로서 이용되는 한에서만 존재가치를 갖는 것인지도 모른다.

'냉전'(일미안보조약체제)에 종속된 일본은 "결정적으로 다른 아시아 내셔널리즘의 움직임에 등을 돌리는 운명을 지녔다"는, 지금의 상황에도 부합하는 탁견을 당시 마루야마는 가지고 있었다. 그때는 한국전쟁이 벌어진 지 1년이 되는 해이자 샌프란시스코강화조약과 함께 일미안보조약이 조인되던 해로서, 그로부터 일본은 확실하게 서쪽 진영에 편입되고 있었다. 개개인의 '자립'과 일본의 '독립'을 이념적으로 묶으려고 했던 이른바 마루야마 식 민주주의의 사정거리가 일미안보조약체제에 의해 보증되는 아이러니컬한 상황이 연출된 것이다.

이 시기 일본의 '독립'을 역설적으로 표현한다면, 샌프란시스코강화조약을 통해 얻은 일본의 '독립'은 차라리 냉전구조로의 '종속'을 의미한다. 안토니오 네그리(Antonio Negri)와 마이클 하트(Michael Hardt)는 『제국』(*Empire*, 2000)에서, 베트남전쟁 이후 미국의 대외정책이 '제국주의'에서 '제국'으로 이행했다고 말한다. '제국'이란 형식상 각국의 주권을 침해하지 않는 권력형태를 말하는 것으로서, 이 시기 냉전구조의 지배 하에 있던 일본을 적절히 설명하는 개념으로 보인다. 그러나 그렇다고 해도 그후 동아시아의 상황을 보면 약간의 보완이 필요하다. 이를테면 한국전쟁 이후 분단 상태에 놓인 조선반도와 일본 '독립' 이후의 오키나와는 더 직접적인 미국의 점령을 받은 지역으로 '제국'이라기보다는 차라리 '제국주의'적 점령 상태에 가까웠다.

이들과 일본(야마토) 간의 낙차가 '냉전'의 폭력성에 대한 감각의 낙차로 체류하고 있는 것이다. 특히 오키나와의 경우, 일본(야마토)에 배치되었어야 할 '미군기지'가 오키나와에 집중됨으로써, 일본의 전쟁 가담이라는 추악한 면이 은폐되고 있다. 사회학자 요시미 순야(吉見俊哉)가 지적한 것처럼, 일본(야마토)은 '미군기지'를 비가시화함으로써 오키나와 '미군기지'의 폭력성을 증폭시키며, 나아가 냉전에 대한 일본의 '종속'성을 무의식화하는 악순환을 이룬다. 미군 주둔과 관련한 이런 낙차는 연관되어 있으면서도 보이지 않는 차별구조가 되어, 오키나와가 (일본으로) '복귀'한 오늘날까지도 커다란 문제로 남아 있다.

정리하자면, 1980년대 말 이후 세계적 조류였던 탈냉전화가 동아시아/일본에서는 좀처럼 보이지 않았던 원인이자 결과가 바로 이 언저리에 놓여 있다. 신중국 성립과 한국전쟁에서 출발한 냉전구조의 구축 과정을 통해, 다시 말해 1949년에서 1953년에 걸쳐 획득한 일본의 '전후'는, 세계/아시아에서 일본의 위치를 크게 변화시켰다. 그럼에도 불구하고 그 결과 일본인의 역사 기억 속에 남은 것은 '전후부흥'을 얻었다는 안도감이었다. 이후 중화인민공화국과 조선민주주의인민공화국은 냉전구조 안의 적으로 현전(現前)하게 되었고, 서쪽 진영에 위치한 중화민국(대만), 한국과는 같은 진영으로서 단결을 강조하여 전후 배상 문제를 무화(無化)하는 일화평화조약(1952)과 일한기본조약(1965)을 맺었다. '전후부흥'을 얻었다는 일본인의 안도감이야말로, 전전 제국주의 일본에서 이어진 냉전구조 속에 일본과 아시아 각 지역 간의 아찔한 낙차를 온존시키는 결과를 낳은 것이다.

그러나 '전후부흥'의 안도감 속에는 사실 온갖 불협화음과 잡음이 뒤섞여 있다. 이를테면 패전이 임박했던 당시, 내지에 있었던 마루야마 마사오와 대조적으로 그의 맹우 다케우치 요시미가 중국전선에 있었고 또 다케우치의 절친한 벗 다케다 다이준(武田泰淳)도 상하이에 머물고 있었다는 사실을 상기하자. 내지에서의 8·15체험과 별도로 전장(외지)에서의 '인양체험'(引揚體驗 ; 전장에서 본국으로 귀환한 경험)은 또다른 해석 범주가 될지 모른다. 전장에서 귀환한 사람, 혹은 그곳에서 자란 사람 중 일부는 내지의 '전후부흥'을 곁눈으로 주시하면서 '전전'과의 갈등 속에서 '전후부흥'의 망상 및 위기와 싸우고 있었던 듯하다. 전후파에 속하는 작가로서 앞서 언급한 다케다 다이준은 상하이 체류경험을 소재로 『살무사의 후예』(1947)라는 작품을 남겼고, 또 오오카 쇼헤이(大岡昇平)는 필리핀 전투에서의 억류 경험을 소재로 『포로기』(1948)를 썼다. 그 두 작품은 모두 전후문학의 금자탑으로 기념할 만한 것들이다. 그런데 이처럼 전장(외지)으로 나갔던 사람들 외에 대만, 조선, 만주 등에서 대부분의 청춘기를 보낸, 이름하여 '식민지 토박이' 세대가 있다. 이들 '식민지 토박이'의 '인양체험'은 또다른 독특한 구조의 세계를 이룬다. 왜냐하면 그/그녀들이 패전 후 돌아온 땅은, 비록 그들의 '조국'이지만 '고향'은 아니었기 때문이다. 그/그녀들에게 '고향'은 전후에 잃어버린 옛 '식민지'였다. 이러한 사실이 갖는 정신사적 위치가 전후 섬나라 규모의 네이션 이미지 속에서 하나의 스캔들로 묵살되는 비참한 운명을 겪고 만 것이다.

그런 의미에서 만주에서 자란 아베 고보(安部公房)의 『막다른 길의 표지판』(1947)과 『짐승들은 고향을 향한다』(1957) 같은 작품은, 전전과 전후가 순조롭게 이어지는 듯한 환상으로 가동되는 전후 일본사회 어딘가에서 늘상 불거져 나오게 마련인 존재들의 울림을 그려 내고 있다. 『막다른 길의 표지판』 서문은 조국으로 귀환하지 못한 채 세상을 떠난 친구를 위한 조문이다. 자신이 자란 고향의 '진흙 담벽'을 잊지 못하지만 '고향'은 더 이상 고향이 아니며, 이미 다른 사람이 그 땅의 주인이 되어 있다. 이러한 '고향'의 단절에는 다음과 같은 이중의 의미가 부여된다. 첫째는 1945년 패전에 의한 '식민지' 상실로서의 단절이며, 둘째는 1950년대 이래 냉전구조의 고착화와 반공 블록의 성립으로 인한 중화인민공화국 및 조선민주주의인민공화국과의 단절이다. 나아가 1957년에 집필된 『짐승들은 고향을 향한다』에는 조국에 도달할 수 없는 초조함이 모티프로 작동하고 있다. 이 책에서 주인공 소년의 곁을 떠나지 못하는 한 인물이 나의 관심을 끌었다. 그 인물은 과거 식민지구조가 낳은 독특한 혈통을 가진 인물로서(처음에는 중국인으로 나중에는 일본인 모친을 둔 조선인으로) 등장한다. 그 인물이 나타내는 것은, ─전후 일본에서 기시 노부스케(岸信介)[13]의 부활이 그런 것인데─식민주의의 재생 과정으로서의 '전후'를 이끈 (동아시아로 확대되는) 지도자층이다. 요약하자면, 아베의 작품 밑바닥에 흐르는 분위

---

13) 야마구치(山口)현 출생. 1920년 도쿄제국대학 법학부(독일법학) 졸업. 1925년 상공성(商工省)에 배속. 1936년 10월 만주국 국무원 실업부 총무부장에 취임하여 만주로 건너갔다. 계획경제·통제경제를 대담하게 추진한 '만주농업개발5개년계획'을 실행했다. 1941년 발족한 도조(東條) 내각에 상공대신(商工大臣)으로 입각하여 태평양전쟁 당시 물자동원을 총괄했으며, 1943년에는 군수차관(軍需次官)에 취임한다. 그러나 1945년에는 도조에 반대하는 '호국동지회'를 결성했다. 패전 후 A급전범 용의자로 체포되었으나 곧 '전범 불기소' 처분으로 복권되었다.

기는 자신들의 귀환이 과연 진정한 귀환인가, 사실 자신들의 귀속처로 영원히 귀환하지 못하는 것 아닐까 하는 '불안'의 정서다. 본 절에서 나는 1945년에서 1950년대 후반까지 일본 국가의 '독립'과 '종속'을 문제시했다. 일본의 '독립'이 사실상 냉전구조로의 '종속'으로 반전되는 과정에서 망각된 것, 혹은 망각되지 않으면 안 되었던 것이, 아베가 표현한 전후의 '불안'과 어느 지점에선가 연결되어 있지 않을까?

4. 냉전체제와 포스트워/포스트콜로니얼의 상황

동아시아의 냉전체제는 유럽의 그것과는 상당히 다르다. 전후 1947년 미국이 주도했던 마셜플랜(1947)의 우산 하에서, 유럽은 독일과 이탈리아의 파시즘을 철저하게 배제하고 또 소련 주도의 코메콘(1949)에 대항하기 위해 지역(region) 통합을 추진하고 있었다. 냉전구조 하의 서유럽이 '나토'(NATO) 같은 군사기구를 갖고 있었어도 중국내전이나 한국전쟁 같은 대규모의 인명피해를 낳은 적이 없다는 점에서 보더라도, 그들이 걸었던 행보는 동아시아의 그것과 달랐다. 그런 서유럽과 비교하면 동아시아의 냉전 및 분단 체제는 일본을 중심으로 한 경제질서를 제외하고(또한 반대편에서 한국전쟁에서 함께 싸운 중국과 북한의 유대관계를 제외하고) 대체로 지역적인 통합을 구성하지 못했으며, 대부분의 지역에서 냉전구조를 규정하는 군사체제가 강고하게 유지되었다. 오로지 그 한가운데 있는 일본만이 '성내평화'(城內平和), '성내민주주의'라는 특권을 향유하고 있었다. 일본에서 1950년 전후 외에 공산당이 합법적으로 존재할 수 있었던 점만 보더라도, 동아시아의 서쪽 진영에서 일본이 특별대우를 받고 있었음은 분명하다. 동아시아의 냉전구조에서, 일본은 그 최전선이 아니라 한 발 뒤에서 자신만의 안전지대를 형성하고 있었던 것이다(주변부인 오키나와에 미군기지를 주둔시킨 것도 그 한 증거다).

돌이켜보면 점령기는 일본에 하나의 기회였다. GHQ 점령통치 경험으로 일본은 한국, 대만과 거의 같은 정도로 미국의 준식민지가 되었고, 그것은 일본인에게 과거 자신들이 조선반도 및 대만(또는 만주)을 통치한 경험을 상기시켰을 터다. 그러나 결과적으로, 전후 일본은 주관적으로 자신이 냉전구조에 깊이 가담해 있지 않다는 무의식 속에서 도리어 냉전에 더 깊이 '종속' 되었다. 냉전의 상대편인 중화인민공화국과 조선민주주의인민공화국은 한국전쟁이 끝난 지금까지 미국(및 그 협력국인 일본)과 준전시상태를 유지하고 있으며, 한국와 대만(중화민국) 역시 냉전의 최전선으로 내몰려 자국민을 강렬한 군사통제 하에 두지 않으면 안 되었다. 그러한 냉전기의 언제부터인가 일본은 동아시아에서 자신을 민주주의의 우등생, 혹은 경제발전의 모범생으로 착각하게 되었다. 그런 의미에서, 일본인에게 냉전구조는 이른바 자신을 우물 안에 가두어 버리는 장치로서 기능했다고 결론지을 수 있을 것이다.

이러한 맥락 속에서 짚어 보고 싶은 것은, 냉전구조의 '바깥' 으로 나가려는 사상실천을 행한 지식인들의 궤적이다. 특히 본 절에서 나는 앞서 언급한 '전후의 종언' 의 지표가 되는 1950년대 후반 이후의 시공간, 이른바 냉전안정기를 지탱했던 1955년체제 성립 이후의 시공간에서 진행된 사상실천에 초점을 맞춰 보겠다. 정치체제로서의 55년체제란 일반적으로 보수통합으로 자유민주당이 성립하고 사회당 좌우파가 통일된 때를 일컫는 것으로, 여기에는 일본공산당이 1950년을 전후로 하여 채택했던 무장투쟁노선을 철회한 사실도 포함된다. 철수한 것도 포함되어 있다. 1955년 7월 '육전협대회'(六全協大會)에서 일본공산당은 과거 중국혁명의 방식을 그대로 답습하던 '오류'를 수정하고 당시 냉전의 해빙무드에 적응하는 방침으로 전환하고 있었는데, 이 역시 일본사회가 냉전구조 내부에 안정적으로 배치되어 있었음을 상징한다. 여하튼, 냉전체제가 안정적으로 기능하게 된 1950년 후반부터 나타나기 시작한 몇 가지 사상실천들은 결국 전전의 경험을 냉전체제 안에 어떻게 부활시킬 것인가라는 과제를 짊어지고 있었다.

그 하나의 예로 하시카와 분조(橋川文三)의 '전쟁체험'론이 있다. 전쟁세대인 하시카와는 1950년대 후반부터 독자적인 역사의식에 근거하여 '전쟁체험'의 방법화를 시도했다. 1959년에 발표한 에세이「'전쟁체험'론의 의미」에서 그는 이시하라 신타로(石原愼太郎)[14]의 전후세대가 '와다쓰미회'(わだつみ會)[15] 등의 전쟁관을 감상적, 도피적, 그리고 동창회 취미로 부인하는 것에 반론을 폈다. 그러나 전쟁체험을 '회고취미'로 전락시킨 데 대한 비판에서 출발하고 있다는 점에서, 그의 문제제기는 전후세대의 발언을 부정적 매개로 삼고 있다고도 말할

---

14) 효고(兵庫)현 출생. 전후 일본의 대표적 작가이자 정치가. 대표작 『태양의 계절』로 『문학계』 신인상과 아쿠타가와상을 수상했다. 정계에 입문한 뒤 잇단 망언으로 대표적인 극우 정치가로 손꼽힌다.
15) 정식명칭은 '일본전몰학생기념회'(日本戰沒學生記念會). 2차세계대전 때 전몰한 일본 학도병의 유서를 모은 유고집 『와다쓰미의 노래를 들어라』가 출간된 이듬해인 1950년, 그 유지를 이어 반전과 평화를 주장하며 성립한 단체. '와다쓰미'란 일본어 고어로 '해신'(海神)이란 뜻으로, 지금은 전몰학생을 의미한다.

수 있다. 하시카와에 의하면 '회고취미'란 주체적 책임을 묻지 않는 구조이다. 그는 이 전쟁을 일본인의 역사의식을 형성하는 계기로 삼아야 한다고 말한다. 자신의 '전쟁체험론'의 구조에 관하여 하시카와는 "우리나라의 사상전통에 역사의식을 부여할 최초의 가능성이 전쟁체험론에 포함되어 있다"고 말하고 있다.

패전은 국체라는 의사역사이념으로 집약된 에너지 그 자체의 총체적 좌절을 의미했다. 다시 말해 그것은 개국-유신 과정에서 한편으로는 열리고 다른 한편으로는 닫힌 역사의식이 처음으로 해방을 맞았음을 의미한다.

하시카와에 의하면 태평양전쟁은 패전을 맞기 전까지 당사자(특히 젊은층) 중 누구도 그 종결을 점칠 수 없는 '최종전쟁'이었다. 그렇기 때문에 그들이 겪은 심리적 경험은 근대 일본에 미증유의 묵시록적 계시를 남겼다. 이러한 하시카와의 논의에는, 패전을 예기(豫期)했던 마루야마 같은 윗세대와는 완전히 구별되는 흥미로운 측면도 있지만, 동시에 태평양전쟁만을 특권화하는 문제점을 노출하기도 한다. 여기서 태평양전쟁을 특권화했다고 한 것은, 태평양전쟁을 일청전쟁 및 일로전쟁과 무관하게 다룰뿐더러 일중전쟁(또는 식민지배)은 언급하지 않은 문제점을 지적하기 위해서이다. 그렇긴 하지만, 하시카와가 "태평양전쟁을 역사 과정이 아닌 초월적 원리 과정으로" 포착하려고 한 것은, 1945년에서 10년이 지난 후의 시점에서 전쟁체험을 하나의 새로운 사상으로 만들어 낸 귀중한 시도였다 할 수 있다. 그것은 전쟁을 단순히 세대를 초월한 경험으로 전하겠다는 의미에 머무르지 않는, 일본의 사상전통 형성에 관한 지식인의 주체적 책임과도 관련된다. 그러나 하시카와가 논한 전쟁체험이 태평양전쟁에 한정되어 있다는 점을 볼 때, 역시 그의 전쟁관은 지역감각상의 어긋남을 피할 수 없었다. 1945년에 이르는 저 전쟁을 '태평양'에서 일어난 전쟁으로 한정하게 되면 결국 다른 역학 속에 말려들고 만다. 그런 예로, 하야시 후사오(林房雄)의『대동아전쟁 긍정론』(1963~65)은 서태평양으로 미국의 이해-관심이 고조되던 시기인 1853년 구로후네 내항을 기점으로 하여 1945년 패전에 이르는 모든 전쟁을 일미간의 백년전쟁으로 보는 역사관 속에서 서술되었다. 하야시의 이 글은 메이지 100주년(1968)을 겨냥한 것으로, 여기에는 중국, 조선반도에 대한 언급도 적을뿐더러 주된 전선을 태평양에서 벌어진 일미간의 헤게모니 싸움으로 설정함으로써 결과적으로 대아시아 침략전쟁의 의미를 희석화해 버렸다. 다만, 그 전쟁을 '태평양전쟁'이라고 명명하게 된 기원 자체는 (즉 '대동아전쟁'이라는 명칭을 피하고자 했던) 전후 GHQ의 문화정책에서 유래한 것이었다. 그러나 그 전쟁을 '태평양'으로 한정한 것에는 그와는 별도로, 냉전구조 안에서 주로는 중국에 대한 전쟁 책임, 그리고 조선반도, 대만 식민지배에 대한 책임을 회피하려는 의도가 깔려 있다. 더 나아가,『대동아전쟁 긍정론』을 쓴 1960년대 중반에 조선반도의 식민지배에 대한 배상을 실질적으로 회피하도록 몰아붙인 일한기본조약이 체결되었다는 사실도 시사적이다. 원점으로 돌아가면, 하시카와가 제시하고자 했던 '전쟁체험'론은 일중전쟁의 영역을 어떻게 다룰 것인가, 조선반도와 대만 식민지배를 어떤 '체험'론으로 만들어 낼 것인가라는, 후속 문제들과 긴밀하게 연결되어 있다고 할 수 있다.

당시, 동아시아에 대한 일본인의 지역적 친근감이라는 것 자체가 전전의 제국의식을 무의식 속에 잠재우면서 일본인이 냉전체제에 선택적으로 대응하도록 규정했다는 점 역시 주의할 대목이다. 대륙 중국에 대한 친근감이 혁명 중국에 절대적인 동경을 품었던 좌익측의 회로(回路)에 담겨 있었던 데 반해, 대륙 중국의 부분 점령을 기조로 삼았던 진영에서는 또다른 지정학적 그림을 그리고 있었던 듯하다. 이를테면, 교토대학 지역 연구자 우메사오 다다오(梅棹忠夫)는 제1세계(자본주의 진영), 제2세계(사회주의 진영), 제3세계(비동맹제국)라는, 냉전기에 일반화되어 있던 구도를 덧칠하고자 했다. 유명한 에세이「문명의 생태사관」(1957)에서 그는 일본과 서유럽을 해양으로 열린 제1세계로 정의하고, 그 사이에 끼어 있는 유라시아 대륙을 육지에 갇힌 정체 지역으로 묶어 제2세계라 정의했다. 우메사오의 이러한 구분법은 유라시아 여행에서 기인한 것으로, 여행중 그는 아시아란 하나로 묶을 수 없는 이질적인 존재임을 느꼈던 것이다. 결국, 그의 모델은 사회주의 진영을 인류 진보의 모델로 보는 당시 좌익적 조류에 대한 해독제로서 기능하고 말았다. 그리고 훗날 가와카쓰 헤이타(川勝平太)의『문명의 해양사관』(1997)과 같은 결실을 냄으로써 그의 역사-지정학은 하나의 싸이클을 완성한 듯하다. 신세대 가와카쓰는 우메사오의 역사관을 '해양' 쪽으로 한층 더 끌고 갔다. 가와카쓰에 따르면, 이른바 '근대'란 아시아의 바다에서 탄생했다. 또 한 가지 가와카쓰의 목적은 농업국에서 공업국으로의 발전이라는 유럽 중심의 '근대화'론을 전복하고, 일본(해양 아시아)이 유럽의 후진(後塵)을 숭배했다는 정설(定說)에 도전하는 것이었다. 그러한 착상은 부분적인 비약을 감행하더라도 세계의 중심을 일본(해양 아시아) 쪽으로 끌고 오겠다는 목적의식에서 나온 것이다. 결국 가와카쓰의 주장은 학문적 의미보다는, 일본을 중심으로 한국, 대만, 동남아시아 등을 원료공급과 시장개척의 네트워크 안으로 묶는 동(남)아시아-일본경제 신질서권의 정치적·경제적 구상으로 수용되고 있다. 과거 '대동아공영권'의 구상 속에서 원료공급과 시장개척의 가장 큰 대상이 중국이었다면, 냉전기에는 한국, 대만, 동남아시아가 그 자리를 대신한 것이다.

우메사오-가와카쓰에 의해 구상된, 서태평양으로 열린 지역구조는 한마디로 말해, 동(남)아시아의 냉전구조가 수행적으로 파생한 경제이데올로기를 체현하고 있다. 또한 그런 해양지역주의가 여전히 탄탄한 인기를 얻고 있는 상황에서, 그것이 과거의 문화기억 및 인맥의 연속선상에서 성립했다는 추측도 가능하다. 그 하나의 예로, 특히 가와카쓰의 저서에는 교토학파의 영향이 곳곳에서 짙게 드러난다. 근년에 전시 교토학파의 면면들(고야마 이와오高山岩男, 고사카 마사아키高坂正顯, 니시타니 게이지西谷啓治 등)이 일본 해군 고급장교들과 비밀 회의를 열어 육군 주도의 전쟁 방향을 바꾸려 했다는 역사적 사실을 파헤친 연구가 나오고 있다(大橋良介, 『京都學派と日本海軍』, PHP新書, 2001). 게다가 전후에 발족한 해상자위대와도 미심쩍은 관련이 발견된다. 해상자위대가 발족하는 과정에서, 구해군의 고급장교가 미국의 승인 하에 주요 고관직에 임명된 것도 흥미로운 사실이다(이 점에서 육상자위대와는 경위가 다르다). 이러한 해군계 인맥이 전후에도 그대로 온존한 데서 보이듯, 전후 냉전구조에서 '바다'로 확대되는 '대동아공영권'의 잔상은 우리가 상상하는 것보다 훨씬 더 뿌리깊게 사회 내부를 침식하고 있다. 그 극단에, 전시 독일에서 수입된 지정학이 전후에 부활하는 궤적이 있다. 전시 독일 지정학이 수입되는 주요한 경로를 찾다 보면, 1차세계대전 때까지 그 이해-관심의 촉수를 태평양 지역으로 펼쳤던 지정학자, 하우스호퍼의 저작『태평양 지정학』으로 거슬러 올라가게 된다.『태평양 지정학』은 기이하게도 진주만 공격 이듬해인 1942년 2월 태평양협회가 엮어 이와나미쇼텐(岩波書店)에서 출판되었다. 이 해양지정학의 영향력은 전전/전후의 단절을 넘어, 이를테면 보에이대학(防衛大學)의 가와노 오사무(河野收)의『일본지정학—환태평양 지역이 사는 길』(1983)로까지 이어진다. 이들이 문제 삼은 것은, 일본이 어떻게 해양국가로서 환태평양 지역에서 번영을 누릴 것인가 하는 점이었다.

*

거칠게 말하면 전후 냉전구조에 부착된 일본인의 지역감각은 전전 '대동아공영권'의 지정도를 전후 미국의 반공방위라인으로 덧칠하는 작업 속에서 성립되었다. 이러한 지정환경에 대한 이의신청으로서, 다케우치 요시미의 중국관이나 다니가와 간(谷川雁)[16]의 조선관은 극히 독특한 어조를 이루고 있다. '전쟁체험'론이라는 문맥에서 하시카

---

16) 시인, 평론가, 구마모토(熊本) 출생. 1945년 도쿄대학 사회학과 졸업. 1947년 일본공산당에 가입했다가 1960년 안보투쟁을 계기로 탈당한다. 요시모토 다카아키 등과 '6월행동위원회'를 조직하여 전학연(全學連) 주류파 지원활동을 했다. 1961년 요시모토 다카아키, 무라카미 이치로(村上一郎) 등과 사상문학운동잡지『시행』(試行)을 창간하여 8호까지 펴냈다.

와 분조와 비슷한 문제의식을 지녔던 다케우치 요시미는 일미안보조약반대운동이 시작되던 1960년부터 1964년 사이 「전쟁 책임에 대하여」(1960), 「전쟁체험론잡감」(1960), 「전쟁체험의 일반화에 관하여」(1961), 「'전쟁체험' 잡감」(1964) 등의 글을 썼다. 이때 세대별로 전쟁관이 단절되어 있다는 사실에 현기증을 느꼈던 다케우치는 하시카와와 마찬가지로 전쟁체험을 일본인의 사상전통으로 승화하기 위해 온힘을 기울였다. 「전쟁체험의 일반화에 관하여」에서 다케우치는 이렇게 말한다.

> 젊은 세대 중 일부 혹은 다수가 전 세대 전쟁체험을 백안시하거나 부인한다. 전쟁체험이 갖는 폐쇄성을 감안한다면 거기에는 그럴 만한 이유가 있을 것이다. 그러나 만약 그들이 주관적으로 전쟁체험을 부인함으로써 전쟁세대와 단절될 수 있다고 생각한다면, 그것이야말로 그들이 전쟁의 상처로부터 해방되지 못하고 있으며 특수한 의미에서 전쟁체험의 피해자임을 증명하는 셈이다. 유산을 부인하는 자세 그 자체가 유산의 포로가 되는 행위이다. 나는 역사를 인위적으로 단절하는 데는 반대하지 않는다. 그러나 단절하려면 방법을 가지고 해야 한다. **전쟁을 인식하는 것을 떠나 그런 방법을 찾을 수 있으리라고는 생각하지 않는다.** (강조는 인용자)

다케우치는 이러한 '전쟁체험' 론을 전제로 일미안보반대운동에 참가했다. 그리고 거기에는 아시아(중국)에 대한 어떤 독특한 태도가 전제되어 있었다. 일본정부가 중화인민공화국과 국교를 회복하지 않은 사실은 그에게 일본이 일으킨 중국과의 (만주사변부터의) 15년전쟁이 '전후'까지 지속되고 있음을 의미했다.

일본과 중국 사이에는 법적인 의미에서건 실질적 의미에서건 전쟁이 아직 끝나지 않았다. 전쟁의 사후처리가 끝나지 않았기 때문이다. 전쟁을 일으킨 것은 일본이지 중국이 아니다. 그것은 일본이 일으켜 15년 이상의 세월 동안 중국 국내를 폐허로 만든 전쟁이다. 실제 전투가 끝난 지 15년이 지난 지금까지 그 전쟁의 사후처리가 제대로 이루어지지 않고 있다. 다시 말해, 강화가 맺어지지 않은 것이다.(「일중관계의 행방」, 1960)

이른바 다케우치는 **중국을 냉전구조의 상대편으로 분류하면서도, 전쟁의 지속 상태라는 적대적 상황을 자각함으로써 중국과의 관계를 유지하는 지정학적–역사적 감각**을 지니고 있었던 듯하다. 그런 의미에서 보아도 다케우치가 당시 일본 지식계에서 차지하는 위치는 매우 독특하다. 주지하는 바대로 다케우치의 입장 역시 형식적으로는 정부 간에 맺은 일중국교회복(1972) 및 일중평화우호조약(1978)에 의해 일단락 지어졌다 할 수 있다. 그러나 아이러니컬하게도 그 이후, 역사교과서나 야스쿠니 신사 문제의 형태로 일중 간의 적대성은 다시 첨예하게 부각되었다. 1980년대 이후 '미래지향'을 주장하는 일본정부에 대해 중국정부는 늘 '역사를 거울로 삼자'고 대응해 왔다. 중화인민공화국 국가(國歌) 2절 가사에 나오는 '적'이라는 단어에서 예감되듯, 오늘날 중국 네이션의 심장부에 일본을 향한 '적대'성이 각인되어 있음은 너무나 자명하다. 또한 그와 정반대로, 그런 '적대' 성을 망각하고자 하는 보다 뿌리깊은 '적대' 성을 안고 있는 일본을 생각할 때, 중국에 대한 다케우치의 이런 태도는 오늘날 우리에게 많은 참조점을 주고 있다.

그러나 이러한 적대성에 관해 동아시아에 내재하는 모순을 분석하려고 보면, 대(對)중국, 대(對)조선반도(또한 대만)의 경우에도 미묘한 역사적 계기가 있는 것이 사실이다. 다케우치가 중국과의 관계에서 '적대성'을 의식한, 전전에서 1972년까지의 시기는, 조선에서는 1910년 일한병합에서 일한기본조약이 체결된 1965년까지에 해당한다. 그런데 바로 이 1965년의 기본조약으로 일본의 식민지배 책임이 소거되었고 그 상태가 지금까지 지속되고 있는 점에 주목하지 않으면 안 된다. 다케우치가 중국과의 관계 속에서 자신의 사상을 형성한 사람이라면, 나카노 시게하루(中野重治)[17]나 다니가와 같은 조선반도와 일본의 관계를 계기로 사상과 운동을 결합시키려 했던 인물이었다. 아버지(나카노 도사쿠中野藤作)가 조선총독부 관리였던 나카노 시게하루는 일본인에게 조선반도는 제국의 반(半)내부를 의미한다는 사실을 몸으로 체험한 세대라 할 수 있다. 그런 의미에서 나카노는 전후에 와서도 의식적이건 무의식적이건 조선(한국)을 외국으로 생각할 수 없었던 측면이 있었다. 한편, 전쟁 전 나카노와 조선인의 관계를 언급할 때 항상 참조하게 되는 작품으로, 조선인 활동가와의 이별을 노래한 「비 내리는 시나가와역」이라는 시가 있다. 전쟁 후, 이 시 중간에 조선인 활동가를

---

17) 소설가·평론가·시인. 1929년 NAPF(전일본 무산자예술단체협의회) 결성에 중심적 역할을 맡았으며, 프롤레타리아 문학과 전후 민주주의 문학의 대표적 작가로 꼽힌다. 「예술에 관해 갈겨쓴 메모」, 「사이토 모키치 노트」, 「노래의 헤어짐」 등의 저작을 남겼다.

"일본 프롤레타리아트의 방패막이이자 지원군"이라 쓴 부분을 두고 자민족중심주의가 아니냐는 비판이 대두되긴 했지만, 나카노가 프롤레타리아운동에 조선인의 존재를 각별히 다루었다는 사실만큼은 강조할 가치가 있다. 어떤 의미에서 중국 항일전쟁은 일본군을 중국 땅에서 쫓아내기만 하면 어느 정도 매듭지을 수 있었지만, 조선반도(혹은 대만)의 경우는 또다른 문제를 배태할 수밖에 없었다.

이처럼 중국과는 다른 층위에서, 독이 뼛속까지 퍼져 안과 밖의 경계가 모호해져 버린 조선반도(혹은 대만)의 상태를 포스트식민성이라고 명명한다면, 나카노보다 조금 뒷세대인 다니가와 간이 규슈와 조선반도를 1인칭복수주어의 음성으로 이야기한 비평전략이 떠오른다. 1958년에서 1962년에 걸쳐 우에노 에이신(上野英信), 모리사키 가즈에(森崎和江), 이시무레 미치코(石牟礼道子), 나카무라 기코(中村きい子) 등 친구들과 후쿠오카의 나카마(中間)시로 이사하여 문화활동의 근거지 '서클촌'(サークル村)을 경영했고 나아가 미쓰이미케(三井三池)[18] 투쟁에도 간여했던 다니가와로서는, 규슈야말로 과거 식민동원의 잔상이 짙게 표류하는, 피로 얼룩진 땅이었다. 일한기본조약이 체결된 1965년에 쓴 짧은 에세이 「조선이여, 규슈의 공범이여」에 나타난 발상은 공전절후(空前絶後)의 것이었다. 거기서 다니가와는 그 (포스트)식민성을 직접 거론하기보다, 규슈와 조선반도 남단이 너나할 것없이 일체화된 권력기반을 공유했던 고대의 역사 기억으로 거슬러 올라

---

18) 미쓰이미케 탄광을 말함. 후쿠오카현 오무타(大牟田)시, 구마모토현 아라오(荒尾)시에 있던 탄광으로 에도시대부터 채굴되어 왔으며, 1889년 미쓰이재벌에 불하되었다. 일본 근대화를 지탱해 오다가 1997년 3월 30일 폐쇄되었다.

간다. 그리하여 그는 고대 일본에 '조선놈'이 있었고 조선인 내부에 '일본놈'이 있었다고 선언한다. 이처럼 친근감과 적대감이 흔들리는 가운데, 다니가와의 '이야기'는 정동(情動)의 계기판이 송두리째 흔들릴 정도로 무서운 에너지를 만들어 내고 있었다. 그리고 바로 그 점에서 다니가와는 "중앙주의자들, 일본의 선인(善人)은 영원히 이해할 수 없는 복합형"으로서 1인칭복수주체성을 선취하지 않고서는 일한기본조약과 대결하는 것이 불가능하다고 선포했던 것이다. 물론 지금 보면 이러한 다니가와 담론의 효과에는 판단하기 어려운 미묘한 부분이 있음을 부인하기 어렵다. 그러나 동아시아를 갈라 놓은 냉전체제라는 보이지 않는 벽을 돌파하려는, 다케우치가 했던 것과 마찬가지의 사상실천이 그에게 있었던 점만큼은 확실하다. 분명, 그에게는 마루야마가 "패전으로 인해 금세 원래의 깨알 같은 작은 섬나라로 축소되었다"고 논한 것과는 또다른 지역감각이 감지된다.

2장_여백의 아시아, 귀환하는 아시아

1. '전후'의 동아시아

냉전체제 하 일본에서는, 죽의 장막 저편의 중국(중화인민공화국)에 대해 '일중우호'를 지향하는 시민활동이 전개되고, 또 우방인 한국에 대해서도 (한국의) 강권적 독재체제를 비호하는 일본정부를 비판하는 '일한연대' 운동이 제기되고 있었다. '일중우호'는 1978년 일중평화우호조약으로 형식상 일단락되었고 '일한연대' 또한 1987년 '민주화선언'을 통해 목표를 달성했다고 평가할 수 있다. 이 운동들은 일본사회에 침략전쟁에 대한 반성과 중국과의 화해를 추진하는 커다란 조류를 형성했을 뿐 아니라, 조선반도의 식민지배에 대한 책임 문제가 아직 해결되지 않았다는 인식/실천을 지속시키는 데 공헌해 왔다. 또한 이러한 실천은 대만의 정치범 석방을 위한 시민운동이나 조선민주주의인민공화국과의 국교정상화를 모색하는 정치운동과도 연결될 수 있을 것이다. 이러한 운동에 노력이 크게 경주되었고 또 그 과정에서 적잖은 성과가 나오긴 했지만, 국가 차원에서 중국, 조선반도와 일본 사이에는 아직도 역사교과서나 야스쿠니신사의 문제가 해결되지 않고 있다. 게다가 1970년부터 1980년대에 걸쳐 자행된 조선민주주의인민공화국의 '납치' 사건이 북조선을 보는 틀로 고정되면서, 아연할 정도의 '반북' 캠페인이 전개되고 있다. 아직 일본에는 탈냉전이 시작되지 않은 듯하다. '납치'(혹은 자발적 '월북') 문제를 일본보다 더 심하게 겪었던 한국에서 조선민주주의인민공화국과의 화해를 위한 노력을 지속하고 있는 것만 봐도 그렇다. 또한 중국이나 대만처럼 냉전(경우에 따라서는 열전熱戰) 체제 하 특무기관에 의한 '납치'가 일상적 가십거리일 정도로 빈번히 일어나는 곳에서도, 일본 매체가 '납치' 문제를 과도하게 보도하는 데 의아한 시선을 보내고 있다는 말을 자주 듣는다.

이것은 냉전의 폭력에 대한 일본의 감수성과 동아시아의 다른 국가/지역의 그것 사이에 존재하는 어긋남을 보여 준다. 이 단절을 뛰어넘기 위해서라도 다양한 각도에서 역사와 역사인식을 재검토하는 작업이 필요하다. 이를테면, 동아시아의 냉전체제는 신중국의 성립과 한국전쟁에 의해 수행적으로 형성되었다는 사고가 필요하다. 특히 한국전쟁의 영향을 어떻게 평가할 것인지에 대해, 당시 소련을 중심으로 한 '사회주의 진영'의 결속이 커다란 계기로 작용했음을 놓쳐서는 안 된다. 신중국을 막 건국한 중화인민공화국에 한국전쟁은 이루 말할 수 없는 거대한 충격이었을 것이다. 개전 전만 해도 인민공화정부는 꼭 '반미'의 입장을 내세울 생각은 아니었다. 당시 인민공화정부는 국공내전의 연장선상에서 대만의 '해방'을 최대의 목표로 삼고 있었다. 1950년 6월 25일 한국전쟁이 발발하고 스탈린의 개입이 진행되던 시점만 해도 인민공화정부는 입장을 정하지 못한 채 주저하고 있었다고 한다. 결국 인민공화정부로서는 '사회주의 진영'의 결속을 선택함으로써 대만 '해방'을 일시 보류하지 않을 수 없었다. 그리고 그 시점부터 대만 해협을 사이에 두고 냉전기 전 기간 동안 국공대치상태가 지속되었다. 극단적으로 말하면, 한국전쟁이야말로 대만에서 국민당 통치체제를 가능케 한 기제였던 것이다. 물론 나는 한국전쟁이 일어나지 않았더라면이라는 역사적 가정을 강조하려는 것도, 하나의 정치정체(政治政體)인 대만(중화민국)의 정체성을 '한국전쟁'의 관점에서 뒤집어엎으려는 것도 아니다. 일중, 일한, 일조, 일대(日臺)라는 이항틀로 처리할 수 없는 문제가 있다. 내가 말하고 싶은 것은, 동아시아에서 냉전체제의 폭력적 수행 과정을 서술하기 위해서는 반드시 별도의 틀을 가져와야 한다는 점, 다소 과감하게 말하면 양국간(兩國間)이 아닌 '동아시아'라는 지역적 틀이 반드시 필요하다는 사실이다.

나는 '동아시아'라는 지역 범주를 틀로 삼아, 일본에서 말하는 '전후', 즉 냉전체제 하 각 지역을 살아가는 사람들의 생존양태와 희노애락을 서술하고 싶었던 것이다. 다만 여기서 감히 일본의 '전후'에 따옴표를 친 데는 나름의 이유가 있다. 앞장에서 논했듯, 한국인에게 '전후'는 전적으로 한국전쟁 후를 의미하는 데 반해, 일본에서 '전후'는 '해방 후'를 의미한다. 또한 대만의 입장에서 1945년 8월 15일은 중국으로의 복귀를 의미하는 '광복'이었다. 그리고 대륙 중국에서 그것은 항일전쟁의 '승리'로 각인되었다. 게다가 중국의 경우, 내전이 종결된 이후에도 한국전쟁 참전, 대만해협을 사이에 둔 국공내전, 나아가 중소대립의 격화와 대(對)베트남전쟁 임전체제 등의 요인들로 인해 거의 준전시상태에 처해 있었기 때문에, 그들의 입장에서 '전후'는 최종적으로는 1979년 중-베 국경분쟁이 끝난 다음을 의미할지도 모른다. 이처럼 중국의 긴 '전중'(戰中)으로서 냉전체제에 대한 이해 없이, 당(黨), 군(軍), 국가의 일체화된 정치형태를 이해하기란 불가능할 것이다. 이는 또한 오늘날 조선민주주의인민공화국을 이해하는 데에도 반드시 필요한 문제 설정이다. 소련이 붕괴되면서 유럽에서는 1980년대 후반부터 탈냉전화가 현실화되고 있었던 반면, 동아시아에서 탈냉전은 좀처럼 진척되지 않고 있다. 이런 현실을 이해하기 위해서라도 '동아시아'라는 틀로 과거를 되짚는 것은 무엇보다도 긴요한 과제다.

2. 냉전/탈냉전

동아시아의 냉전체제가 신중국 성립(1949년), 한국전쟁(1950~53)과 분단체제 고착, 그리고 중화민국의 대만 통치에 의해 수행적으로 형성되었다는 사실은 이미 앞서 논한 바이다. 사실상 동아시아에서 냉전구조는 1946년 초반, 소련에 대한 미국의 경계가 가시화되던 시점부터 그 복선이 깔리기 시작했다 할 수 있다. 미소관계의 이런 변화는 GHQ의 대일본정책을 '약체화' 노선에서 '대일 강화'(對日講和)로 전환시켰으며, 나중에는 일본사회 기층에서도 근본적 변화를 일으킨 '농지개혁'을 초래했다. '농지개혁'은 GHQ가 시행한 전후개혁 중 핵심적인 것이다. 다른 각도에서 보면, 이 사건은 일본과 동아시아 사이에 '친밀한 단절'이라 할 현상을 초래했다. '농지개혁'은 애초에는 군국주의 및 일본식 파시즘의 온상인 지주제를 해체할 목적으로 추진되었다. 그러던 것이 구(舊)혁신관료들이 초안한 제1차 농지개혁을 부정하는 제2

차 농지개혁(1946년)이 추진되던 시점부터 중국 국공내전의 여파를 받으면서 '적화' 방지 수단의 성격을 띠게 된다. 극단적으로 말하면, 이 '농지개혁'은 GHQ에 의해 굴절된 형태로 대행된, 동아시아 공산혁명의 전지구화가 낳은 결과라 할 수 있다. 일본과 동아시아 사이에는 냉전구조로 인한 여러 단절선이 그어져 있는데, 그것이 일본사회의 토양을 근본적으로 바꾸었다는 점에 주목하면, 일본은 동아시아의 공산혁명과 '친밀한 단절' 관계에 있다고도 할 수 있다. 이렇게 보면, 전후 일본 지식인의 일본/아시아관은 1940년대 후반에서 1950년대 초반에 걸쳐 결정된 동아시아 지정학과 '농지개혁'에 의해 가속화된 일본사회의 기층 변화라는 두 개의 계기 사이에서 확정되었다고 말할 수 있을 듯하다.

총괄하자면, 다케우치 요시미가 지적했듯 일본은 냉전구조(일미안보)에 참가함으로써 중국과는 전전(戰前)부터 적대적 관계를 지속해 왔으며, 한국과는 1965년 일한기본조약까지 정식 국교를 맺지 못했다는 점에서 또다른 형태의 식민지배를 지속했다고 할 수 있다(다만 이 일한조약 역시 일본이 한국정부와 타결한 '경제원조'로 식민지배에 대한 실질적 책임을 면제받은 면이 있다). 이처럼 냉전구조를 통해 일본이 동아시아에 구축한 적대성에 더하여, 1960년대에는 앞서 말한 '농지개혁'의 성과가 동아시아에서 일본의 경제적 '성공'과 함께 가시화되었다. 아이러니컬하게도 이 '고도 경제성장'은 대미종속을 결정적으로 고착화한 신안보조약개정(1960) 이후, 이케다 하야토(池田勇人) 내각(1960~1965)이 내건 '소득배증계획'(所得倍增計劃)을 지표로 삼은 것이었다. 그렇다면 이 '고도성장'은 동아시아와의 관계 속에서 어떤 의

미를 지니고 있는가. 전술한 대로 당시 일본은 이미 한국, 대만, 동남아시아 등을 원료시장 및 하청공장으로 거느리는 수직적 분업체제를 완성하면서 전전의 농촌사회적 토양으로부터 급속히 이탈하고 있었다. 이런 '고도성장'은 '농지개혁'으로 가능해진 토지자유화를 전제한 것으로, 농촌공동체라는 기존의 풍경 자체를 일변시켰다는 점에서 '아시아'와의 거리를 창출한 셈이다. 다케우치보다 아랫세대로서 일본과 아시아의 관계에 관한 평론들을 썼던 마쓰모토 겐이치(松本健一)는 에세이집 『사어의 유희』(死語の戱れ, 1985)에 수록된 「풍경의 변용―1964년 사회전환설」에서 도쿄올림픽(1964)을 '풍경의 변용'의 획기적 계기로 다루고 있다. 이러한 발상은 지금은 이미 세인들 사이에 회자되고 있어 그리 신선한 시각은 아니다. 그런데 여기에 한 가지 흥미로운 지적이 있다. 그것은 1964년의 이듬해에 일한기본조약이 체결된 것과도 관련되는데, 일본의 사회토양이 이른바 아시아적인 것에서 이탈하기 시작한 순간, 일본 출판계에서는 도리어 아시아 관련 서적 및 자료집의 수가 비약적으로 증가했다는 사실이다. '아시아'로부터의 이탈이 '아시아'를 의식하게 만든 것이다(또한 여기에는 자본의 아시아 진출이라는 계기가 잠재되어 있었으리라).

그러나 마쓰모토의 논점은 1964년보다 몇 년 앞서 다케우치가 제기한 '방법으로서의 아시아'라는 테마와 겹쳐 읽을 때, 또다른 징후로 의식될 수 있을 듯하다. 예비지식으로서, 다케우치의 '방법으로서의 아시아'라는 표제의 강연이 진행된 때가 신안보조약이 체결된 1960년임을 고려해 둘 필요가 있다(武田淸子 編, 『思想史の方法と對象』, 創文社, 1961). 거기서 '아시아'란 서구 근대의 유린이라는 전형적인 식민

지배를 겪으면서 그에 대한 저항의 계기 안에 바로 그 서구 근대의 논리를 되감아 보다 큰 규모로 '근대'의 가치를 실현한다는, 주체형성이라 명명할 만한 '방법의식'이었다. 즉 '방법으로서의 아시아'란 실체로서 눈에 보이는 '아시아'가 아니라 하나의 구조로서 혹은 장치로서의 '아시아'인 것이다. 냉전이 한창 기승을 부리던 당시 시점에서 '아시아'는 눈에 쉽게 보이는 것이 아니었다. '방법으로서의 아시아'라는 말을 한 것은 그런 의미에서일 것이다. 그러나 이 '방법으로서의 아시아'는 사회기층으로서의 '아시아'에서 이탈하기 위해 필요한 '방법의식'이었을지도 모른다. 마쓰모토의 '1964년 사회전환설'은 저자의 의도야 어떻든, 애초부터 '방법으로서의 아시아'와 겹치는 영역에서 의미를 지니는지 모른다.

*

그러나 '방법으로서의 아시아'라는 착상은 '아시아'와 만날 수 없는 냉전기적 현상에서 출발한 것이었다. 1980년대 이래 탈냉전시대에 시작된 경제적 전 지구화로 인해 동아시아의 많은 지역들은 다시 한번 농촌사회적인 기반으로부터 급속히 이탈하게 되었다. 즉 아시아 자체가 진작부터 사회적 기반으로서의 아시아성을 잃어 간 것이다. 그 결과인 현재를 보는 관점이 필요해졌다.

그럴 경우, 다케우치 요시미의 '방법으로서의 아시아'를 어떻게 재해석해야 할까. 힌트는 역시 텍스트 안에 들어 있다. 「방법으로서의 아시아」는 신안보조약이 체결되던 해의 강연노트를 정리한 것인데, 거기서 그가 다룬 사건이 바로 1919년 중국의 5·4운동이었다. 당시 중국을 방문했던 미국 철학자 듀이(John Dewey)는, 체포당할 것을 각오하고 세면도구를 챙겨 거리로 달려 나간 중국학생들에게서 서구 근대와는 다른 새로운 정신, 새로운 근대의 맹아를 느꼈다. 다케우치는 1960년 안보조약의 해에 이 사실을 학생들 앞에서 이야기하고 있었다. 다시 말해, 그는 41년 전 중국에서 엿보았던 정신의 한 형태, 즉 패배를 피하지 않는 저항정신을 지금 일본의 신안보조약반대운동에서 찾으려 했던 것이다. 되돌아보면 다케우치는 '방법으로서의 아시아'에서 일본의 근대화에 관해 "진다는 생각을 회피하는 것이야말로 이미 지고 있는 것"이라면서, 메이지 이래 근대 일본이 근대화의 우등생 자리를 지키려 애썼던 것이야말로 실패의 원인이라 결론짓고 있었다. 이처럼 다케우치의 '방법으로서의 아시아'는 41년 전 이웃나라의 성과를 지금 이곳의 운동(신안보조약반대운동)에 투사하는 동시에 자국의 현상에 대한 근본적 비판으로 매듭짓는, 그런 방법의식이었던 것이다.

다케우치의 방법의식 혹은 입장은 탈냉전화를 지향하는 오늘날의 동아시아에서 가장 먼저 재평가되어야 한다. 왜 그런가 하면 탈냉전화란, 반세기 동안이나 맹위를 떨친 냉전구조의 단절 속으로 잠입해 들어가 냉전을 수행적으로 만들어 낸 폭력, 그리고 그 냉전을 위해 불문에 붙여진 그 이전의 폭력을 다시 한번 심문의 장으로 불러내는 것을 의미하기 때문이다. 이를테면, 1980년대부터 한국과 대만에서는 민주화(탈독재화)가 달성되는 듯했다. 그리고 그런 기운이 어느 정도 정착한 1990년대 초반에는 과거 일본(군과 민간단체를 포함하여)에 유린 당한 전 '종군위안부'의 증언이 일본인의 도덕관을 뒤흔들어 놓았다. 애초부터 그런 증언이 가능했던 것은 이른바 서쪽 진영의 결속 하에 봉

인된 한국과 대만의 (냉전)독재체제가 한국인, 대만인의 노력에 의해 무너졌기 때문이다. 어찌되었건, 이 역사적 순간에 필요한 것은 역사를 되짚는 방법의식이다.

대만의 전 '종군위안부' 할머니들이 일본을 방문할 즈음의 일이다. 어느 할머니 한 분이 일본 경찰과 민간단체의 알선으로 배를 타고 보르네오의 한 시설에 도착한 후, 자신이 어떤 일을 당했는지 기억해내고 그 순간 말하기 시작했다. 그 증언의 장이란, 바로 50년이라는 시간을 더듬는 실험으로서 교과서로는 배울 수 없는 살아 있는 역사 체험 그 자체였다. 그 증언의 장에 함께 있다는 것은, 특히 가해자의 입장에 있는 사람에겐 어떤 의미를 지니는가. 피해자로서는 그런 증언을 하는 것 자체가 고통이었을 텐데. 그러나 거기에는 그런 고통으로부터 그들을 구출하려면 그 증언이 받아들여져야 한다는 역설이 들어 있다. 일찍이 다케우치는 "진다는 생각을 회피하는 것이야말로 이미 지고 있는 것"이라 말한 바 있는데, 그 말을 이렇게 바꿀 수 있지 않을까? 지난날 가해자의 입장을 회피하는 행위야말로 가해에 가담하는 것이다라고. 또한 그날 청중 앞에 선 할머니들의 입에서는 모어인 민난어(閩南語)나 커자어(客家語)와 함께 지난 식민지시대에 배웠던 일본어가 불쑥 튀어나오곤 했다. 50년이라는 시차를 넘어 일본 식민지배의 흔적을 목도하는 바로 그 순간, 일본인은 피해자와는 또다른 의미에서 '역사'로 돌아올 것을 요청 받고 있었다. 다케우치가 '방법으로서의 아시아'를 제기했던 시대, '아시아'는 냉전의 저편에 놓여 있었고, 그곳에서 서구 근대의 지배와 억압에 저항하는 주체형성으로서의 '아시아' 상이 모색되고 있었다. 냉전구조가 해체되는 오늘날, '아시아'와의 만남을 그르쳐 온 현재성(現在性)을 어떻게 해석할 것이며, 그로부터 어떻게 '아시아'를 다시 연계시킬 것인가. 우리는 지금 이것을 물어야 할 시점에 와 있다.

　　여기서 가장 중요한 것은, 지난날 방대한 식민지를 소유했던 식민제국 일본과 전후 일본 사이에 놓여 있는 지역적 단절을 어떻게 이을 것인가, 그리고 일본은 냉전기 단절되었던 '아시아'와 어떻게 재결합할 것인가 하는 문제이다. 이는 사실 2002년 9월 17일 고이즈미 수상과 김정일 총서기가 양국간 국교정상화를 위해 맺은 '평양선언'과, 그 이후 '납치' 문제를 둘러싸고 눈사태처럼 쏟아져나온 매스미디어의 '반북' 캠페인을 어떻게 보아야 하는가라는 문제와도 직결되어 있다. 다시 말해, 여기에는 냉전기 국가폭력을 구실로 일본이 식민지배 당시 자행한 폭력의 책임을 회피하려는 무의식적 작태가 감지된다. 이러한 상황 속에서 우리는 자신의 역사적 책임을 회피하는 구조에 저항하기 위해서라도, '방법으로서의 아시아'를 가동하도록 요청 받고 있다.

3. 동아시아의 현재성

동아시아의 현재성을 궁구하는 것에, 최근 조선민주주의인민공화국을 탈출한 난민, 이른바 '탈북자'(재일 조선인, 일본인 배우자를 포함하여)의 존재를 어떻게 받아들일지가 중요한 시금석이 되고 있다. 그/그녀들의 존재가 오늘, 어떠한 시선의 지배 하에 놓여 있으며 또한 실제로 어떻게 취급 당하고 있는가. 이 문제를 위해서는 사고의 범위를 조선반도뿐 아니라 그/그녀들 다수를 잠재적으로 끌어안고 있는 중국까지

넓혀야 한다. 그리고 특히, 정치적 난민을 좀처럼 받아들이지 않는 일본에 대해서도 생각하지 않을 수 없다. 조선민주주의인민공화국의 존재를 어떻게 사고해야 하는지의 문제로 진입하기 위해서는 한국전쟁(혹은 그 이전의 항일전쟁)으로 거슬러 올라가야 함에도 불구하고, 일본의 매스미디어는 그런 관점을 거의 결락하고 있다. 또한 당시 한국전쟁에 큰 영향을 끼쳤던 것은 소련이지만, 지금은 조선민주주의인민공화국 쪽에서 참전했던 중국이 그들의 동향에 가장 커다란 영향력을 미치고 있다. 이러한 역사-지정학적 지도를 어떻게 그릴 것인가? 이 문제는 바로 동아시아라는 지역적 배치 속에서 사고되어야만 한다. 다시 말해, 조선반도만을 따로 떼어 놓고 별도로 해결할 문제도 아니지만, 중조(中朝)관계, 일한관계, 미중관계 등 양국간 관계로 단순화할 수도 없다. 동아시아라는 규모에 미국의 세계전략까지 더해진 동아시아 정치공간의 편제 과정을 정리하려면, 20세기 전체의 과거(특히 식민지배로부터 한국전쟁까지의 근과거)로까지 거슬러 올라가지 않으면 안 된다.

일본제국이 일으킨 전쟁이 일단락되었던 1945년 이후의 과정에서, 조선반도(혹은 중국, 대만)는 냉전구조를 부설(敷設)하는 수행적 폭력의 결과라고 할 분단상황을 맞게 되었다. 그러나 당시 군사적 역관계를 보더라도 현재의 지정도(地政圖)는 다양한 우연적 요소 속에서 '중층결정' 된 것이었다. 만약 히로시마에 원폭이 투하되기 전에 소련이 전쟁에 참여했거나 조선반도에서 전쟁이 좀더 나중에 발발했더라면, 분단을 겪은 쪽은 조선이 아니라 오히려 일본이었을지도 모르며 심지어 일본이 '적화' 되었을지도 모르는 일이다(그랬을 경우 '천황제'

는 분명 폐지되었을 터다). 또다른 패턴으로, 만약 조선반도 전체가 공산화되었다면 일본의 미군주둔 방식은 '전후' 한국과 비슷했을 것이다. 그랬을 때 일본이 반공독재국가가 되었으리라는 것을 상상하기는 어렵지 않다. 물론 이런 가상의 세계를 상상하는 것은 어렵고 또 무의미하다. 그러나 무라카미 류(村上龍)는 『오분 후의 세계』(五分後の世界, 1994)라는 SF소설에서 남북으로 분단된 '일본'을 그린 적이 있다. 조선반도의 아날로지이긴 하지만 하나의 흥미로운 징후로 봐야 하지 않을까? 그러나 철저항전을 지속하는 '일본'이 감미로운 전전 노스텔지어에 오염된다는 내용의 이 소설에서는, 가능한 현재성을 상상하는 곤혹이 엿보인다.

역사학에서 '만약'은 금물이다. 그러나 조선반도 식민지배의 역사와 오늘날 냉전구조 하 '북조선 멸시'라는 역사의 동조성(同調性)을 해제하기 위해서라도, 1945년부터 1950년 중반까지 역사의 유동 상황을 되돌아보는 일은 결코 무의미하지 않을 것이다. 그 시기야말로 알튀세르가 말한 "우연이 규칙이 되고 규칙이 규칙이 되는" 역사의 결정적 순간이 섬광을 발하는 시기이다. 우리는 역사가 유동하는 현장으로 거슬러 올라감으로써, 꿈쩍도 하지 않을 것 같던 현재로부터 가느다란 희망을 발견할 수 있지 않을까?

*

동아시아의 현재성을 탐색하기 위해 이 자리에서 다시 한번 다케우치를 언급하고 싶다. 그가 과거와의 대결 중 선택했던 태도를 지금 한번 검토해 보고 싶은 것이다. 중국, 조선반도, 일본이라는 세 극점의 상호작용에 의거하여 역사서술을 시도할 경우, 우선 다케우치의 저작 중 조선(한국)에 대한 기술이 적다는 사실을 덮어 두기 어렵다. 오늘날의 입장에서 보면 이는 다케우치의 결정적인 약점이자 한계다. 이에 관해 나는 다케우치를 옹호할 생각은 없다. 그러나 여기에는 소박하게나마 되새겨볼 문제가 있다. 그것은 다케우치가 일한병합의 해인 1910년생이라는 점이다. 다시 말해 그 세대에게 조선은 태어날 때부터 이미 제국일본에 편입된 존재였다. 그러나 다케우치가 간여했던 잡지(『중국』)를 봐도 알 수 있듯, 그가 조선반도를 아예 다루지 않았던 것은 아니다. 또한 그가 중국 전문가였을 뿐 조선반도에 대해서는 문외한이었다는 점도 고려에 넣을 일이다.

다만 오늘날 동아시아에서 일본의 위치(position)를 생각할 때, 전후민주주의의 혈맥 속에 들어 있는 중국 침략에 대한 반성이라는 문맥과 더불어, 조선반도와 대만에 대한 식민지배 그리고 일본과 한국 혹은 일본과 대만 사이 전전부터 지금까지 지속되고 있는 식민적 계기를 생각하는 것은 점점 더 중요한 과제가 되고 있다. 그런 의미에서 보더라도 다케우치가 아시아와의 연관 속에 중국을 중심적 위치에 둔 것을 하나의 전제적(前提的) 약점으로 이해해 주어야 한다. 그러나 그렇다 해도 아시아/일본을 인식하는 다케우치의 탁월한 시좌(視座) 혹은 매순간 상황에 대처하는 실천력을 길어올린다면, 그것은 어떤 부분일까? 다케우치의 사상의 정수라 할 「중국의 근대와 일본의 근대―루쉰을 매개로 하여」(1948)와 그의 전전체험의 총괄인 「근대의 초극」(1959)을 그 예로 들고 싶다.

통상 「중국의 근대와 일본의 근대」는 중국과 일본이라는 두 개의 근대화 모델을 제시한 글로 읽히며, 오늘날의 시각에서 볼 때 일본을 다룬 부분은 대충 맞지만 중국 부분은 틀리다는 세평을 얻고 있다. 논문에 보이는 두 개의 대비는 이렇게 요약된다. 즉 일본은 서구 근대를 그럴싸하게 도입했다는 점에서 근대화의 우등생이고 '서구'를 받아들였다는 점에서 '전향형'(轉向型) 문화이며, 그런 임기응변적 근대화가 성공하는 바람에 결국 파탄을 맞게 되었다. 반면, 중국은 당시 근대화를 능숙하게 추진하지 못했지만 그 완고한 본성 탓에 일단 바꾸고자 마음먹으면 근본적으로 바꾸어 내며, 그런 점에서 중국문화는 자기로 되돌아가면서 변화를 완수하는 '회심형'(回心型)이다. 물론 이런 개념 모델을 오늘날의 일본과 중국에 그대로 적용하는 것은 거의 불가능하다. 다만 이 글의 원제가 「근대란 무엇인가」였다는 점을 힌트로 삼아 다르게 읽어 본다면, 우리는 비서구 지역에서 '근대'의 의미를 묻는 태도를 새롭게 발견할 수 있을 것이다. 전술한 일본형 근대와 중국형 근대라는 두 개의 모델이 제시되기 **전에** 전개된바, 비서구 지역 — 다케우치가 말하는 '동양' — 의 '근대'를 묻는 부분도 중요하다. 최근 중국(대만)문학 연구자 마쓰나가 마사요시(松永正義)가 지적했듯, 이 부분은 전전의 다케우치가 교토학파에 깊이 경도되어 있음을 보여 주는 대목이기도 하다.

유럽의 동양 침입은 동양의 저항을 낳았다. 물론 그 저항은 유럽 자체에 대한 반사작용이었지만, 그조차도 모든 사물을 궁극적으로 대상화할 수 있다는 철저한 합리주의적 신념을 가동하지는 못했다. 저항은 계산된 것이었으며 저항을 통해 동양은 점점 더 유럽화하는 운명에 놓여 있음이 간파되고 있었다. 동양의 저항은 세계사를 한층 더 완전한 것으로 만드는 요소 이상은 아니었다. 이 유럽의 자기실현이라는 운명 속에서, 19세기 후반 질적 변화가 일어났다. 아마도 그것은 동양의 저항과 관계 될지 모른다. 왜냐하면 유럽의 동양 침입이 거의 완성되었을 때 그것이 발생했기 때문이다. 유럽을 자기확장으로 몰고 갔던 내부 모순 그 자체가 의식되기 시작했다. 동양을 포괄함으로써 세계사는 완성에 근접했으나 동시에 그 내부의 이질적인 것이 매개가 되어 세계사의 모순이 표면에 드러났다.

전전 다케우치가 교토학파에 경도되었다는 사실은 전전의 주저(主著) 『루쉰』에서 '절대모순적 자기동일'(絶對矛盾的自己同一)과 같은 용어를 사용한 점이나, 다케다 다이준과 교토학파의 동향에 대해 토론한 점에서 분명하게 드러난다. 다케우치가 제시한 서양/동양이라는 견취도(見取圖) 역시 비서구 지역을 압도한 유럽발 '근대화'의 끝무렵, 유럽 근대를 넘어서는 가치를 실현하고자 한 교토학파로부터 자극 받은 것이라 볼 수 있다. 이러한 유사성을 확인하기 위해서는 당시 『중앙공론』에 실린 교토학파 학자들의 면면 — 고사카 마사아키, 스즈키 나리타카(鈴木成高), 고야마 이와오, 니시타니 게이지 — 이 진행한 좌담회 '세계사적 입장과 일본'(『중앙공론』 1942년 2월호. 이후 같은 좌담회가 2회 더 열렸다)을 분석하는 등 세세한 점검이 필요하겠지만, 지면상 생략한다. 그러나 내가 다케우치의 사상 중에서도 교토학파의 영향을 지적하는 이유는, 교토학파의 세계사 이해와 다케우치의 그것이 **결정적으로 어긋나 있음**을 강조하기 위해서이다. 좌담회 '세계사적 입장과 일본'은 스페인을 매개 삼아 유럽이 유럽 바깥을 향하게 된 계기를 강조하는 등, 유럽의 확장 과정을 점검하면서 먼저 유럽의 근대를 개괄하고 있다. 그리고 메이지유신 이전의 '근대'와 연속성 및 불연속성을 띠는 근대 일본이, 유럽 근대의 모방에 불과한 메이지·다이쇼 시기를 부정하는 형태로 여타 아시아 제 민족보다 앞서 '세계사적 의식'을 획득했다고 결론짓고 있다. 그리고 같은 논의선상에서 유럽 근대가 달성한 개인 영혼의 깊이를 '민족'에 매개함으로써, 유럽 근대의 기계문명주의를 넘을 수 있지 않을까라며 논의를 전개하고 있다. 이 지점에서 유추해 보면, 다케우치의 「중국의 근대와 일본의 근대」는 교토학파의 논점 중 '정체된 아시아'관을 전제한 계몽자 '일본'이라는 맥락은 반납하되, 민족적인 것을 매개로 한 개인의 확립이라는 주제는 공유하고 있다. 통상 다케우치의 내셔널리즘론은 1955년 반둥회의로 최고조에 다다른 당시 아시아 내셔널리즘을 선취한 것으로 이해되지만, 선취의 틀은 사실상 전전 일본을 휩쓸었던 일련의 '사상변혁' 운동에서 끌어온 것이었다.

이처럼 다케우치 사상이 전후 독특한 위치를 점할 수 있었던 이유는, 어떤 의미에서 그것이 전전 내셔널리즘을 부분적으로 끌어 왔기 때문이다. 또한 1940년대 후반에서 1950년대 사이의 점령 하 '독립'을 목표로 하는 당시의 논자들 사이에서 내셔널리즘 자체를 전적으로 부정하는 논의는 전무했다. 대체로 '우'가 전전 내셔널리즘은 옹호하되 전후의 그것에 냉담했던 반면, '좌'는 전전의 내셔널리즘을 부정 혹은 무시하기 위해서라도 전후의 내셔널리즘을 긍정하는 경향을 띠고 있었다. 그 중 전전을 전면부정 혹은 무시할 수 없었던 다케우치의 입장은 어쩌면 전전의 경험을 전후로 매개하는 경계 위에 놓여 있었다고 할 수 있다.

이제 1959년 다케우치가 쓴 논문 「근대의 초극」의 시점으로 옮겨 가 보자. 다케우치의 「근대의 초극」은 전술한 좌담회 '세계사적 입장과 일본'의 몇 개월 뒤 『문학계』가 주재한 좌담회 '근대의 초극'(『문학계』 1942년 9·10월호)에 관해 논한 글이다. 좌담회 '근대의 초극'은 앞서의 '세계사적 입장과 일본'과 함께 당시 지식청년들의 마음을 상당한 정도로 사로잡았던 상징적인 사건으로 기억되고 있었다(그런 의미에서 '근대의 초극'은 전후에는 기피 대상이 되어 있었다). 다케우치가 정리한 바에 따르면, 이 좌담회 '근대의 초극'을 구성한 주요한 진영은 교토학파, 문학계파 그리고 일본낭만파였고 토론 내용은 크게 보아 좌담회 '세계사적 입장과 일본'에서 제출한 구도를 그대로 공유하고 있었다. 다케우치는 그 중에서도 메이지 이래 문명개화주의에 대한 전면 부정과 종말론적 절박성을 강조했던 일본낭만파의 역할에 주목한다. 훗날 다케우치의 '근대의 초극'론을 비판한 아라 마사히토(荒正人)가 이런 논의구도를 부정하기도 했지만, 좌담회 '근대의 초극'을 새롭게 보려 했던 다케우치의 시도가 충분히 성공적이지 못했다는 지적은 오늘날에도 나오고 있다. 그러나 그의 의도는 지난날 '근대의 초극'을 복원하자는 것이 아니었다. 후인의 시각에서, 그들의 지적 창조가 패배 혹은 실패로 이어진 궤적으로부터 무엇인가 교훈을 얻자는 것이었다.

다케우치는 논문 「근대의 초극」에서 2차세계대전 중 일본의 전쟁을, 대(對)아시아 침략전쟁과 대제국주의전쟁이라는 성격이 다른 두 개의 전쟁이 중첩된 형태로 보는 시각을 제출했다. 이는 1941년 12월 일본이 진주만을 공격하여 영국과 미국에 전쟁을 선포했을 때 그것을 대중국 침략전쟁에서 대제국주의전쟁으로 전화한 것으로 보고 지지를 보냈던 과거 자신의 '실패'를 새롭게 직시하기 위한 정리작업이었다 할 수 있다. 그 점에서 다케우치의 시도에는 태평양전쟁 이전의 전쟁을 재료 삼아, '중국의 근대와 일본의 근대'를 소급적으로 심화해 보겠다는 의도가 있었던 듯하다. 그러나 객관적으로 그 전쟁이 제국주의 국가의 침략전쟁의 연장선상에 있는 제국주의 간의 전쟁임에는 변함이 없을 것이다. 또 전술한 아라 마사히토의 원칙적 비판처럼 2차세계 대전을 일·독·이탈리아에 대한 연합국의 반격으로 보는 구도가 차라리 일반적이며 지금도 상당 부분 시효성을 띠고 있다. 그러나 당시 일본의 많은 지식인들이 다케우치와 마찬가지로 진주만 공격을 전쟁의 방향전환으로 보고 환영했던 **그런 주관적 성분을**, 그전까지의 아시아 침략에 대한 불만과 반감의 표출로서 역사적으로 위치짓고자 했던 것이리라.

나아가 다케우치는 1941년 이전, 일중전쟁이 본격화된 루거우차오(蘆溝橋)사건(1937)으로 거슬러 올라간다. 다케우치는 1937년을 기점으로 일본과 중국이 총력전에 돌입했다고 판단하고 있으며, 양국이 어쩔 수 없이 적대관계로 접어든 이 총력전 단계에서 이전과는 다른 싸움의 장이 열렸다고 강조한다. 여기서 다케우치는 어찌 보면 전쟁주의자로 보일 만큼 위험한 태도를 내보인다. 전쟁 중 나카노 시게하루가 쓴 『사이토 모키치 노트』를 인용하는 대목에서, 그는 사이토의 전쟁가[戰爭吟]가 갖는 역사적 의미를 재검토하며 1937년 이후 문화전쟁의 존재 방식을 탐색했던 것이다.

전쟁의 저변을 파고들지 못한다면, 다시 말해 싸우고 있는 민중의 생활 속을 구체적으로 파고들지 못한다면 어떤 방향으로도 민중을 조직해 낼 수 없다. 다시 말해 사상을 형성할 수 없다는 말이다. 그것은 사상의 최소한의 필요조건이다. 전쟁가를 전쟁가라는 이유로 부정한다면 그것은 민중의 생활을 부정하는 것이 된다. 전쟁가를 승인하되, 그 전쟁가가 과거의 낡은 전쟁 관념에 묶여 목하 진행 중인 전쟁의 본질(제국주의전쟁이 아님)을 외면하고 도피하려는 태도를 비판하여, 전쟁가를 총력전에 어울리는 전쟁가로 만드는 데 힘을 보태고 그로써 전쟁의 성질 자체를 바꾸어 내려고 결의하는 지점에서 저항의 계기가 성립하는 것이다. 화장실 벽에 '침략전쟁 반대'라고 써갈기거나 '히데키[1]를 타도하자'는 식의 허무맹랑한 말을 유포하는 것은 저항이 아니라 차라리 저항을 해체하는 것이며, 사상을 풍속의 수준으로 끌어내리는 행위이다.

오늘날 다케우치의 이러한 견해(혹은 나카노의 전쟁가 이해)를 평가하는 것은 극도로 어려운 일이다. 지금 보면, 사이토의 전쟁가는 '후방'을 맡는 동원문학으로서 기능했기 때문이다. 그러나 그것을 인정하더라도, 지난날의 경험 속에서 다케우치가 택했던 입장은 시시각각으로 변하는 상황 속 위기의 한복판에서 슈미트가 말한 '적대성'을 다시 선택하는 것이었다. 1937년 7월부터 전면적 일중충돌의 국면에 돌입

---

[1] 영국 폭격기(英機)는 도조 히데키(東條英機)의 이름과 표기법이 같다. 당시 화장실에는 이런 문구가 많이 적혀 있었는데 전쟁혐오와 정부비판의 의미가 강했다.

했다는 견해를 견지했던 그는, 일본인으로서 중국에 깊숙이 개입했던 자신의 경험에 기반하여 총력전을 통해 일본국가의 변혁 가능성을 모색했던 오자키 호쓰미-조르게 그룹의 구상을 재평가하고 있었다. 그리고 그 연장선상에서 1941년 대영미전쟁을 계기로 일본의 대중국(아시아) 침략전쟁이 방향을 전환하리라는 가능성—실제로 그것은 거의 불가능한 가능성이었지만—에 많은 사람들이 승부를 걸고 있었음을 잊지 말자고 외치고 있다.

어떻게 보면 '오인'(誤認)을 독약으로 삼켰던 다케우치의 실천 감각을 오늘날 어떻게 받아들여야 할까? 이것이 우리에게 던져진 문제다. 「근대의 초극」이 제출되었던 1959년은 바로 냉전이 한참 절정기에 오른 때로서, 일미안보체제 속에 중화인민공화국 및 조선민주주의인민공화국에 대한 적대정책이 관철되고 있던 시기였다. 다케우치의 방법의식은 과거의 경험을 총괄하여 그것을 목전의 상황에 내던졌다가 다시 끌어올리는 것이었다고 할 수 있다. 이때 다케우치의 내면에는 일본의 전전체제가 전후 냉전체제로 재편되는 과정에서 지속되고 있던 동아시아에 대한 적대성을 새롭게 정의하겠다는 의도가 있었던 것 같다.

다케우치 사상의 특징은 과거의 경험을 세척하여 사상화할 때 방관자적 태도를 허락지 않는다는 것이다. 그 상황 속으로 몸을 내던지지 않고서는 책임의식이 발생하지 않는다는 것, 이것이야말로 다케우치가 지속적으로 주장했던 바 일본이 아시아의 현재를 살아 내는 방법의식이다.

4. 지역적인 것과 책임의식

일본인이 어느 지역(인)을 가깝게 혹은 멀게 느끼는가 하는 물음은 근대 일본의 공공영역이 만들어 낸 '담론편제'의 결과다. 이 책의 제2부는 이를 밝히기 위해 쓴 것이다. 물론 **근대 이전** 일본인의 지정감각, 혹은 대외인식이 지금 일본인의 역사적·육체적 토양이 되어 있음을 십분 인정해야겠지만.

근대 일본이 구미 근대의 충격에 대응하는 구조에는 소박한 거부 반응과 노예적 수용 사이를 동요해 온 과정이 담겨 있다. 그런 점에서 근대 일본은 다른 비유럽 지역(아시아, 아프리카, 라틴아메리카)과 같은 역사를 공유하고 있다고 생각해도 좋을 것이다. 그러나 서양 근대를 도입하게 된 결단의 타이밍, 그리고 도입한 서양 근대를 주체화하는 경과에서는 아시아의 여타 지역과 상당히 다르다. 거기에는 다양한 역사적 우연 혹은 지정학상의 차이, 다시 말해 당시 일본인 스스로가 주체적으로 선택하기 어려운 계기가 개재되어 있지 않았을까? 그러나 그렇다 하더라도 특정 시기 일본이 의도적으로 '아시아'와 결별한 것, 그리고 그 결별을 의식적이든 무의식적이든 '주어진 것'[所與]으로 간주한 것은 틀림없는 사실이다. 일본인의 현재를 규정하는 '아시아' 침략과 식민지 획득의 경험, 그리고 그 성과 위에 수립한 문화구조를 자신의 손으로 폐기하거나 주체적으로 변화시키지 않았음을 인정하지 않을 도리는 없다. 이 책 제2부에서 내가 일본인의 내면에 잠재한, 역사적으로 결정된 지역감각을 비판적으로 해석하는 작업이 이른바 책임주체라는 문제와 연관되어 있음을 밝히려고 하는 것도 그런 의미에서다. 또한 그 점에서 '리저널리즘'이라는 제목을 붙인 이 책에서 (일견 적절치 않아 보이긴 하지만) 다케우치의 논의는 나의 의도를 전달하는 데 결정적인 역할을 했다. 인간의 운명에는 시간적 한계가 있다. 개개인이 살아온 삶 이전의 역사에 개입하기 위해서는 반드시 안내자가 필요하다. 다케우치는 그런 안내자 중 하나에 불과할지도 모르지만, 당시의 조건 속에서 역사에 개입하는 방법과 수단을 필사적으로 찾아 헤맸던 사람이었다. 그런 그의 자세란 그야말로 뛰어난 것이었다. 역사에 개입한다는 것은 역사를 아는 것 이상을 의미한다. 어떤 의미에서 그것은 우리들이 살고 있는 시간의 한계를 넘어 **우리 안의 당사자성(當事者性)을 불러내는 실천**이다. 더 나아가, 근대 일본이 지역적으로 배치되는 격변을 넘어 **아시아라는 폭에서** 주체로서의 책임을 지는 자세를 보였다는 점에서도, 그가 점하는 위치는 특별하다.

다케우치가 살았던 시대에, 일본의 대아시아 팽창주의는 이미 그 절정에 있었다. 전술한 바처럼 일한병합이 되던 해에 태어난 다케우치는 1932년 만주국이 성립되던 때 이미 성년이었다. 그리고 1937년 이후 일중 전면전쟁, 그리고 1941년 이후 태평양전쟁 및 그에 수반된 남방 제 지역의 점령에 이르기까지, 일본제국의 영토는 일본인의 공간의식과 함께 팽창을 거듭하고 있었다. 결국 그런 막대한 에너지와 인명 소모 위에 수립되었던 것들이 1945년을 계기로 "유신당초의 깨알 같은 섬나라"로 축소되었으며, 이제 일본은 동서냉전의 서쪽 진영에서 미국 극동정책(군사, 경제, 정치)의 모범생으로 착실히 살고 있다. 다케우치가 정력적인 평론활동을 벌였던 때가 바로 그런 '전후'였다. 그러나 반복해서 말하지만, 조선반도에서 '전후'는 오로지 한국전쟁 이후를 의미하며 중국의 경우도 1945년 8월보다는 내전이 종결된 1949년 10월 쪽이 보다 자신의 현재성을 강하게 규정한다. 아시아 내부에서 '전후'에 관한 이러한 편차를 어떻게 의식할 것인가, 이 또한 아시아와의 관계 속에서 중요한 문제가 되고 있다. 그러나 현재 일본인에게 1945년(8월 15일)이라는 날짜가 한 사람 한 사람의 역사의식을 파헤치는 지레로서, 부단히 참조해야 할 지표임은 틀림없는 사실이다. 단, 그러기 위해서는 1945년 8월 15일을 '전후' 혁명의 기점으로 보는 마루야마 마사오, 아라 마사히토 같은 협의의 전후민주주의자들의 '전후' 관을 돌파해야 하며, 바로 그 지점에서 우리는 다케우치와 만나지 않으면 안 된다. 다케우치는 그 날짜를 차라리 **'굴욕'으로 기억했던** 인물이다.

다케우치가 1953년의 시점에서 저 8월 15일을 돌아본 평론 「굴욕의 사건」에는, 현대 일본의 공공영역에서 느끼기 힘든 특별한 신선함이 담겨 있다. 그러나 다케우치 역시 일본인이었다는 점에서 이 평론 또한 지금을 살고 있는 일본인의 지적 전통의 일부임은 물론이다. 패전의 날 독립혼성여단(獨立混成旅團) 보도반에 소속되어 있던 다케우치는 둥팅후(洞庭湖) 근처의 위애저우(岳州)라는 마을에 주둔하고 있었다.

나에게 8·15는 굴욕의 사건이다. 그것은 민족의 굴욕이자 나 자신의 굴욕으로, 아픈 기억을 자아낸 사건이다. 포츠담혁명의 참담한 행보를 보면서 든 비통한 생각은, 8·15 당시 공화제를 실현할 가능성이 정말로 전무했었는가 하는 점이다. 가능성이 있었는데도 그것을 현실로 전화할 노력을 하지 않았던 것이라면, 우리 세대는 자손대대에 남긴 짐에 연대책임을 지지 않으면 안 된다.

"포츠담혁명의 참담한 행보"라는 말에서 보이듯, 이 글은 일본이 한국전쟁에 병점기지로서 가담하고 또 중국 및 조선반도가 강화조약에 불참함으로써 실현된 (실패한) '독립'에 공을 들이던 중에 쓰여졌다. 즉 일본의 '독립'이란 일미안보조약으로 규정된 동아시아 냉전체제에 '종속'되는 것이자 아시아에 적대관계를 유지하는 준전시체제 구축에 기여하는 것이었다. 그러나 이런 전제에서 보면, 가장 중요한 것은 위 인용문 중 '공화제'라는 단어가 풍기는 신선함과 그 행간에 잠재되어 있는 역사-지정학적 부하(負荷)이다. 이 '공화제'를 단순히 전후의 전쟁책임에서 파생한 천황제폐지론으로 이해해서는 곤란하다. 이 평론 말미에서 다케우치는 '민주주의란 무엇인가'를 물어 온 군 상관에게 「오개조어서문」을 인용하면서 스스로 생각해도 모호한 민주주의의 정의를 일러 주었다고 쓰고 있다. 1945년의 시점에서 일본 안에서 찾을 수 있는 '민주주의'의 참조처가 1868년 메이지 천황이 반포한 「오개조어서문」밖에 없었단 말인가. 다시 말해 이 천황의 「오개조어서문」에서 왜 '공화제'가 나왔는지, 얼핏 보아도 기괴한 접속을 풀어 내지 않으면 안 된다. 결론부터 말하면, 그것을 매개하는 것이 바로 아시아(중국)다. 그때, 다케우치의 거대한 참조틀이었던 중국에서는 이미 공화제가 실현되고 있었다. 즉 다케우치의 내면에는 군주를 머리에 인 제국신민과 혁명으로 승리를 쟁취하여 공화제로 결집한 중국민중과의 싸움, 그 전전·전중의 구도가 잠복해 있었던 것이다. 일본 군주제(천황제)의 전면적 변혁, 그것은 실상 아시아라는 폭에서 요구되는 것이며, 전쟁의 고통은 그것을 위해 지불한 희생이어야 한다는 것이 다케우치의 생각이었으리라.

　그 점에서 내가 가장 높이 평가하는 것은 다케우치 글 행간에 숨어있는 '굴욕'에 대한 자각이다. 그것은 아시아인으로서의 '굴욕'인 동시에, 아시아 개개인에 직면한 일본인으로서의 '굴욕'이기도 했다. 극단적으로 말해, 다케우치의 이러한 이중의 '굴욕'을 어떻게 계승할 것인지가 바로 오늘을 살고 있는 우리들(일본인)이 당면한 과제다. 그러나 그 시기를 살지 않았던 우리들이 과연 그 '굴욕'을 계승할 수 있을까? 뒤집어 보면 오늘날의 입장에서, 이를테면 증대하는 미국의 헤게모니와 그에 따른 일본의 위치를 포착하는 문제 역시, 아시아/일본의 근대사 전체(전전·전후를 관통하여)를 되짚어보며 생각하지 않으면 안 된다. 재차 묻건대, 우리는 과연 다케우치의 행간에 개입할 수 있을까? 이 물음은 아직도 해제되지 않은 일본군주제와 그것을 묻어 버린 채 동아시아의 냉전체제를 살고 있는 오늘날 **우리들(일본인)의 '굴욕'에 대한 자각**과도 관련되어 있다.

3 동아시아, 유동하는 역사의 자장

1장_ '일중전쟁'이라는 문화공간
저우쭤런(周作人)과 다케우치 요시미(竹內好)

1. 들어가며

역사가 카(Edward Hallet Carr)는 『역사란 무엇인가』에서 "역사란 역사가와 사실 간의 부단한 상호작용이자 현재와 과거 간의 끊임없는 대화"라고 말했다.[1] 이런 지견(知見)은 역사학 일반에 응축된 아포리아지만, '현재와 과거의 대화' 속에 전쟁이라는 계기가 삽입될 경우 그 아포리아는 실로 역사학 일반을 넘어선다. 다시 말해 과거와 현재 사이의 "끊임없는 대화"란 해당 국가의 동지들 간의 '끊임없는 대화'를 유발하는 것이기도 하다. 그것은 전쟁의 명칭을 둘러싼 차이에서도 단적으로 드러난다. 만주사변(1931)이 그러하고 루거우차오(蘆溝橋)사건이 그러하다. 이들 선전포고 없는 전쟁에 당시 일본 측은 '사변'(사건) 혹은 '사변의 확대'라는 이름을 사용했다. 훗날 일중전쟁이라는 이름으로 익숙해진 이것은 시기적으로는 만주사변 이후의 15년간을

---

1) E. H. カー, 『歷史とは何か』, 岩波書店, 1962, 40쪽. —지은이

지칭한다. 한편, 만주사변 이후 수년 간 국민적 항전체제가 정비되지 않았던 중국에서는 제2차 국공합작(1937) 이후 8년에 걸친 저항을 항일전쟁이라 부르고 있다. 여기서 눈에 띄는 특징은 일본 측의 행위가 훗날 다른 이름으로 바뀌지 않으면 안 되었던 것과 달리, 항일전쟁 중 중국 측이 만들어 낸 수많은 이름들은 오늘날까지 변경되지 않았을뿐더러 그럴 필요성이 티끌만큼도 감지되지 않았다는 점이다.

기간을 8년으로 잡든 15년으로 잡든, 중국정부는 대만으로 퇴각한 국민당정권과 전쟁의 경험 및 기억을 공유하고 있다. 그 중 특히 논의할 가치가 있는 내용 중 하나는 대일협력자를 처벌하는 주체 입장에서의 동질성이다. '한간'(漢奸)이라는 독특한 단어에 집약된 역사적 뉘앙스는 민족 내부에 대한 심판의 의미를 강하게 환기한다. 주목할 것은 '한간' 재판 과정에 대한 실증적 접근과도 관련되는 '대일협력자'의 심판이 갖는 공공성의 질이다. '대일협력자'를 '한간'으로 심판하는 데는 민족에 대한 복잡한 감정이 얽혀 있겠지만, 그것을 자민족에 대한 재판으로 한정해서는 안 된다. 민족 주체성의 의미가 이른바 역사에 열려 있을 가능성을 완전히 부정할 수 없기 때문이다. '대일협력자'를 심판하는 주체가 중국인이라는 것은 분명하다. 일본은 이 재판에 간여할 수 없지만, 그래도 '대일협력자'라는 역사적 존재에 대한 도의적 책임을 질 수는 있으며, 적어도 그 재판에 관심을 기울일 의무는 있다.

한편, 재판의 주체성이라는 면에서 일본의 경우는 중국과 대조적이다. 형식적으로는 연합국의 '공적 재판'이 있었지만 실상 거기에는 당시 미국의 극동정책이 강하게 반영되어 있었기 때문이다. 총괄적으로 전쟁을 어떻게 반성할 것인가—전쟁의 패배에 책임지자는 것인가, 아니면 전쟁을 범죄행위로 보고 그 범죄를 심판하자는 것인가—, 즉 무엇을 반성할 것인지 그 출발점조차 아직 합의되지 못한 것은 역시 재판의 공공성 문제가 미결로 남아 있기 때문이다. 여기서 재판에 대한 일본 측의 전제(前提)부터 짚어 보자. 1946년부터 1948년에 걸쳐 진행된 극동국제군사재판은 '평화에 대한 범죄'라는 이름 하에 28명의 전쟁정책 수행자를 심판했을 뿐이다. 형식적으로 검사단은 극동위원회 소속이지만 미국의 논리가 그 속에 여실히 반영되어 있었던 점을 감안하면, 재판의 결과 자체가 훗날 미국의 극동정책과 연결되어 있음을 알 수 있다. 그 중 가장 중요한 사실은 천황이 '평화에 대한 범죄'로부터 면책 받은 것이다. 미국 당국의 지시로 천황의 면책을 추진했던 조지프 키난(Joseph Berry Keenan)[2]이 도조 히데키, 기도 고이치(木戶幸一)[3] 등에게 유도심문을 한 것도 유명한 일화다.[4]

어쨌거나 일중전쟁을 포함하여 2차세계대전에 대한 심판의 주도권을 미국이 거의 장악하고 있었기 때문에, 전쟁행위에 대한 책임을 일본인이 주체적으로 추적할 길이 형식적으로는 가로막힌 것이다. 일

---

[2] 미국의 법률가. 극동 국제군사재판의 미국주석검사 겸 연합국주석검찰관으로 임명되어 일본에서 A급전범 재판을 담당했다.
[3] 도쿄 출생. 교토제국제학 졸업 후 농상무성(農商務省)에 입성했다. 1937년 제1차 고노에 내각에서 문부대신, 초대 후생대신을, 1939년 히라누마(平沼) 내각에서 내무대신을 역임했다. 천황 측근에서 궁중정치에 간여했으며 고노에 아쓰마로 등과 정계를 이끌었다. 대동아전쟁 당시 평화방침을 주장하여 이른바 '성단(聖斷 ; 천황의 항복 결단) 공작을 주도했다. 도쿄재판 때는 『기도일기』(木戶日記)를 증거로 제출하여 자신은 군국주의자들과 싸웠으나 정치적으로 무력했다고 역설했지만 결국 종신금고형을 선고받았다.
[4] 兒島襄, 『東京裁判』(下), 中公新書, 1971, 44~126쪽.—지은이

본 군국주의가 심판 받아야 한다는 것은 당시 많은 일본인에게 모호한 형태로나마 감지되고 있었다. 그렇다면 책임이 방기된 데에 따른 문책은 일본이 아닌 미국에게 갔어야 했다는 주장도 가능하지 않을까? 그러나 그렇지도 않다. 형식적으로는 그런 조건이었더라도, 내재적으로는 어떻게든 자기 힘으로 자민족의 과거를 심판했어야 했고, 그것은 부분적으로나마 진행되고 있었다. 당시 천황의 전쟁 책임을 추궁하려고 했던 일본공산당의 시도가 대표적인 예이다. 그러나 그런 움직임조차 결국은 이런저런 요인 —일본공산당의 비합법화, 그리고 일본공산당 내부의 전쟁 협력자를 비판하지 못한 점— 으로 인해 결실을 얻지 못했다. 그리고 미국이 주도하는 심판의 불철저함을 비판한 사람은 겨우 인도 국제법학자 라다비노드 팔(Radhabinod Pal) 등에 불과했다 (여기에 28인의 피고를 변호한 일미 변호단을 더할 수 있다). 그러나 팔이 제기한 "전승국이 패전국을 심판하는 부당성"을 훗날 높이 평가한 것은 일본에서는 우익세력뿐이었다. 그것도 일본이 형식적으로 '독립'을 얻은 뒤에 말이다.

따라서 문제의 설정은 이러하다. 일본인은 외적으로는 자신이 일으킨 전쟁을 스스로 심판할 수단을 박탈 당했지만, 내적으로 자신을 심판하는 일은 오늘을 살고 있는 일본인 스스로가 역사 속으로 진입해 들어가는 도전이다. 이를테면 2000년 도쿄 국제여성전범법정에서 천황의 전쟁 책임을 단죄한 민간시민운동이 그런 예이다. (당사자들에게 그런 의식이 없었을 수 있지만) 그것은 극동국제군사재판 당시 일본인의 비주체성을 극복고자 한 시도라 해도 크게 틀리지 않을 것이다.

그런데 그 전쟁 과정에서 일본의 행위뿐 아니라 일본의 영향 하에

활동했던 중국인, 즉 '대일협력자'라는 역사적 존재에 대해서도, 일본은 어떤 식으로든 관심을 기울여야 한다. 일본인 스스로 심판의 주체성을 구축하기 위해서라도, 그 도의적 책임의 범위는 '대일협력자'까지를 포함하지 않으면 안 된다. 나의 목표는 일본 문화인과 중국 문화인의 언술이 교착하는 점령기 문화활동을 하나의 시야 속에서 그려 내는 것이다. 서로 연동되고 얽혀 있는 양자의 활동은 1945년의 최후를 예상하지 못한 채 지속적으로 유동하고 있었다. 이 글의 제목에 '문화공간'이라는 말을 사용한 이유도 여기에 있다.

구체적 인물의 세세한 행동에 대해서는 별도의 전문적 서술이 필요할 것이나, 여기서는 그 전쟁 과정 중 시도된 문화활동의 특징을 사상행위의 구조로서 파악할 것이다. 나아가 그 행위자로서, 각자의 입장에서 일중 간의 '교류'에 진력했던 저우쭤런(周作人)과 다케우치 요시미에 특별히 초점을 맞추고자 한다. 왜 그 두 사람을 선택했는지에 대해서는 다음 절에서 답할 것이다.

2. 만남과 엇갈림

주지하는 바와 같이, 전후 저우쭤런이 '대일협력자' 심판의 대상이었던 반면 다케우치는 전후 일본 사상계에 없어서는 안 될 인물이다. 또한 전전이나 전쟁 중, 저우쭤런이 루쉰의 친동생임을 포함하여 여러 면에서 매우 중요한 문화인물이었던 데 비해, 다케우치는 중국문학 연구 써클 안에서만 유통되는 이름이었다. 2차세계대전 때 국가로서의 중국은 승자, 일본은 패자였던 상황에서 보면, 이 두 사람의 삶은 아이러니컬하게도 대척점에 놓인다. 그러나 다케우치에게 저우쭤런은 시종 일본 중국문학 연구에 없어서는 안 될 인물로 표상되었다. 전전 일본의 한학·지나학과 별도로 5·4신문화운동 이후 현대중국문학의 양분을 섭취하려 했던 그룹으로서 다케우치와 다케다 다이준을 중심으로 1934년 발족한 '중국문학연구회'가 있었는데,[5] 그 모임의 첫번째 공식적 활동이 저우쭤런과 쉬주쩡(徐祖正)[6]을 일본에 초청한 것이었다. 저우쭤런이 '중국문학연구회' 발족의 역사적 증인으로 적합한 인물이었음을 다케우치는 훗날까지 또렷이 기억하고 있었다. 5·4신문화운동의 기수로서 주목받은 학자이자 작가였던 저우쭤런과의 만남이 '중국문학연구회'에 운명적인 사건이었음에는 의심의 여지가 없다.

그러나 훗날 다케우치('중국문학연구회')와 저우쭤런과의 만남은 괴롭고 미묘한 과정을 거치게 된다. 후에 다케우치가 저우쭤런과 윤함기(淪陷期)[7]의 베이징에서 만났을 때는, 이미 많은 중국 지식인들이 남방의 항일구(抗日區)로 피신한 이후였다. 1938년 5월 15일, 다케우치는 베이징을 방문한 사토 하루오(佐藤春夫), 야스다 요주로(保田与重

---

5) 이 '중국문학연구회'의 발족 시기가 일본 공산당원의 대량 전향과 사실상의 활동 퇴조를 가져온 1933년의 이듬해였다는 것은 의미심장하다. 실제로 다케우치가 '연구회'의 구상을 가다듬은 것이 발족 1년 전인 1933년 가을 즈음이었기 때문이다. 덧붙여 당시 다케우치가 주목했던 잡지로, 야스다 요주로의 『코기토』가 있었다. 즉 다케우치와 야스다는 일본공산당이 사실상 붕괴한 이후의 문화공간을 싸움의 영역으로 삼고 있었던 것이다.—지은이

6) 쿤샨(昆山) 출생. 문학가이자 교육자. 1911년 우창(武昌)봉기에 참가했고 그해 겨울 도일(渡日)하여 제3고등학당 및 교토제국대학에 입학했다. 1922년 귀국하여 베이징고등사범학교 및 여자사범학교에서 교편을 잡았다. 일본유학 당시 궈모뤄(郭沫若) 등과 함께 창조사(創造社)를 결성했고, 루쉰, 저우쭤런과 깊은 교분을 맺었다. 루쉰과 함께 어사사(語絲社)에 가입하여 잡지 『어사』(語絲)에 번역소설들을 싣기도 했다.

7) 일본군에 의해 점령된 시기를 말한다. 1937~1945.

郎)[8] 등과 함께 중국 지식인들(저우쬐런, 쉬주쩡, 치엔따오쑨錢稻孫)과의 회합에 참석했다. 저우쮜런 등 중국 측 지식인은 윤함구(淪陷區)를 탈출하지 않았다는 이유로 항일구(抗日區) 측으로부터 비난을 받고 있었다. 5월 5일 '중화전국문화항적협회'(中華全國文化抗敵協會, 이하 문협)의「우한문화계항적협회 저우쬐런 규탄선언」(武漢文化界抗敵協會周作人糾彈宣言)이 발표되었고 '문협' 잡지『항전문예』(抗戰文藝, 제4호, 1938. 5. 4)에「저우쬐런에게 보내는 공개서한」이 게재되었다. 구체적으로 항일구 측이 저우쬐런을 어떻게 규탄했는지 그것이 어떤 의미를 띠는지에 대해서는, 기야마 에이유(木山英雄)의『저우쬐런 '대일협력자'의 전말』에 자세히 나오므로 여기서는 언급하지 않기로 한다. 다만 한 가지 주목할 것은, 사토 하루오, 야스다 요주로 등과 저우쬐런과의 교류의 장에 흐르던 미묘한 공기이다. 다케우치는 그 상황을 이렇게 서술하고 있다.

> 기억이 어렴풋하지만 그때의 분위기는 시종 부드러웠다. 화제는 요리나 도깨비 이야기 등 하잘것없는 것들이었다. 젊은 축에서 말이 없었기 때문에 주로 손님들이 떠들었다. 문학이나 정치 이야기는 거의 나오지 않았다. 환영사 같은 격식도 없이 마치 어제 만난 사람들처럼 스스럼없이 떠들고 있었다. 그러니까 노인 취미, 잘 말해야 베이징 취미였다. 야스다는 그것이 불만인 듯했지만 나는 오히려 그게 좋았다.

---

8) 나라(奈良)현 출생. 도쿄제국대학 재학 중『코기토』를, 졸업 후『일본낭만파』를 창간하여 활동했다. 일본이 대동아전쟁에 돌입하자 고전문학, 고미술을 통해 일본정신을 부활시켰다. 그의 일본주의는 그를 당시 시대정신의 대표주자로 위치지었다.

지금 생각하면 내 생각도 위험한 것이었다. 나도 다른 방식으로 사변(事變)[9]에 흥분하고 있었던 것이다. 야스다가 기대하는 것은 지금의 베이징에는 없네라고 말하고 싶었지만 막연한 감상에 젖어든 것은 사실이었던 것 같다.

그날의 모임을 사토 하루오는 참담함 때문에 맘껏 기뻐하지 못했다는 말로 형용했다. 그 발언이 잡지에 실렸을 때 나는 천연덕스럽게 편지를 보내 반대의사를 표했다. 그런 표현으로 보건대 그가 지나인을 동정한다고 생각했기 때문이다. 차라리 주객이 함께 기쁨을 만끽했다는 것이 내 느낌이었다.[10]

저우쬐런과 윤함기 베이징에서 만나야 했던 다케우치의 마음 한 구석에 미묘한 어둠이 깔려 있었음은 분명하다. 다만 그 문면에서 간취되는 것은, 그가 마음속에 무언가를 정치적으로 단단히 확정해 두려 했다는 점이다. 다케우치가 볼 때, 저우쬐런 일행의 '노인 취향'적 환대에는 이른바 그 '교류의 장'을 탈정치화하려는 계산된 의도가 있었고, 그 점에서 '교류의 장'으로부터 순진하게 정치적 의미를 찾으려던 야스다로 대표되는 일본 측과는 어긋남이 노정되어 있었다. 그리고 다케우치는 그런 '노인 취향', 즉 의도적으로 계산된 거리두기에 대해 '좋다'고 말하고 있다. 그의 서술을 보면 사토 하루오 일행은 베이징 측의 반(半)의도적 거리두기를 충분히 인식하고 있었던 듯하다. 그러

---

9) 중일전쟁을 말하는 듯하다. 중일전쟁을 일본에서는 일화사변(日華事變)으로 불렀다.
10) 竹內好, 「佐藤春夫先生と北京」, 『文學通信』第8號(ぐろりあそさえて刊) 1942. 2.(인용은 『竹內好全集』제14권, 筑摩書房, 1981, 290~291쪽).―지은이

나 사토가 그 거리를 "맘껏 기뻐하지 못했다"고 풀고 있는 반면, 다케우치는 그것을 "기쁨을 만끽"한 것으로 이해하고 있었다. 윤함구 베이징에 있었던 다케우치는 야스다 등과는 다른 문맥에서 역시 "사변에 흥분"하고 있었지만, 일본 측 손님들과는 실로 다른 시선으로 그 '교류의 장'을 하나의 '문화공간'으로 주의 깊게 관찰하고 있었던 것이다.

*

1937년부터 1939년 사이 베이징에 체재하던 중 다케우치는 몇 번인가 저우쭤런과 만났다. 그 다음 재회는 1941년 도쿄에서였다. 당시 저우쭤런은 화베이정무위원회(華北政務委員會)의 교육총서독변(教育總署督辯)을 맡고 있었다. 중국문학연구회 발족 당시에는 성대하게 저우쭤런을 환영했던 다케우치지만, 이때는 잡지『중국문학』「편집후기」에 저우쭤런의 방일(訪日)을 소개하고 데이코쿠(帝國) 호텔에서 그를 개인적으로 영접했을 뿐이다.[11]

1940년 전후부터 다케우치의 중국문학연구회는 현대 중국과의 접점으로 크게 주목받고 있었다. 그런 점에서 중국문학연구회가 1942년 도쿄에서 개최된 대동아문학자대회의 참가를 거부한 일은, 일중전

---

11) 『중국문학』(第72號, 1941. 5)의 「편집후기」에서 다케우치는 저우쭤런과의 만남에 대해 아래와 같이 쓰고 있다. "개인적 이유도 있고 해서 데이코쿠 호텔 숙소에 인사를 드리러 갔다. 한 번 뵙는 것만으로도 나에게는 기대한 이상의 기쁨이었다. 그때의 인상이 선명하게 남아 있는데, 거기에 대해서는 따로 쓸 생각이다. 저우 씨가 신고 있던 신발의 새하얀 안감이 이상하게도 선명하게 기억에 남아 있다. 찾는 손님이 끊이지 않아 나는 서둘러 인사를 마쳤다. 옛이야기를 들으면서 잊어버린 지 오래인 책(류푸劉復가 엮은 『초기백화시고初期白話詩稿』)을 받기도 했다. 개인적인 이야기라 저우 씨에게 실례가 될지 모르지만 『중국문학』을 위해 기록해 둔다. 4월 18일, 도쿄를 떠나는 날 아침." ─지은이

쟁이 총력전화되고 일중 지식인 교류가 특별한 문화공간을 구성한 최절정기에서 특기할 만한 역사적 결정이었다. 또한 그 기간에 일본을 방문한 중국 지식인에 대한 다케우치들의 대응은, "지나의 문학자를 환영하지 말라는 것은 아니다. 환영할 만한 사람을 환영하는 것이 우리들의 임무다"[12]라고 말한 데서 보이듯, 이미 씁쓸함을 넘어 실로 비장한 면모를 보여 주고 있었다. 이처럼 공적 장소에서 확고한 의지표시를 하면서 사적으로 저우쭤런을 만났던 다케우치의 거리두기 방식에는, 단순한 개인적 우정이라고만 표현하기 어려운 어떤 거리 설정의 감각이 엿보인다. 이른바 '대일협력자'가 된 중국인 벗과의 재회, 또한 그들의 '협력' 대상자인 일본인으로서의 만남. 그 만남에는 서로간의 어긋남이 깊이 아로새겨져 있었던 것이다.

3. 저우쭤런의 사상전략

그때 저우쭤런은 흉중에 어떤 마음을 품고 있었을까? 어떤 요구와 어떤 구상 속에서 '대일협력자'가 되었던 것일까? 그의 삶은 지옥행 열차의 운명을 띠고 있었는지 모른다. 그런 저우쭤런의 지옥행, 다시 말해 '한간' 재판을 피할 수 없게 된 과정은 역시 1937년 7월부터 11월까지의 시기에 이미 결정된 것으로 보인다. 즉 일본군이 베이징에 입성하고 베이징대학 교원 대부분이 거의 탈출한 상황에서 저우쭤런이

---

12) 竹內好, 「大東亞文學者大會について」, 『中國文學』 第89號. 1942. 11.(인용은 『竹內好全集』 제14권, 筑摩書房, 1981, 434쪽)—지은이

베이징에 남기로 선택한 시점이다. 대부분의 역사학자들은 이런 시각에 동의하고 있는 듯하다. 그러나 덧붙여 두어야 할 것은, 당시 일본의 패배를 바라고 있던 중국인들은 많았지만 그 패전일의 도래를 객관적으로 예측할 수 있었던 사람은 많지 않았다는 사실이다. 일본 패전의 주요 원인으로 중국 대륙에서의 전력 소모가 자주 거론되지만, 1945년 여름이 도래한 직접적 요인은 역시 일미전쟁에서의 패배였다. 따라서 1937년의 시점에서 일본제국의 패색을 예감하기란 아직 어려웠다. 말하자면, 많은 사람들이 그랬듯 저우쮜런 역시 일본의 중국 점령 상태가 지속되는 상황에서 그 전쟁이 어떻게 귀결될지 객관적으로 인식하지 못했던 것이다. 물론 옌안(延安)과 충칭(重慶) 등 남방에 머물던 많은 중국 지식인들은 일본제국의 패전을 절박하게 바라고 있었지만, 그 패전을 어떻게 얻어 낼지, 그것은 중국인의 손으로 결정할 수 있는 문제가 아니었다.

그런 의미에서 당시 저우쮜런의 텍스트를 읽을 때, 그런 전쟁의 미결 상태라는 특정한 시간성을 전제해 둘 필요가 있다. 덧붙여, 당시 중국의 공간적 상황에 대해서도 언급해 둬야 할 것 같다. 그것은 매체 유통의 문제로 귀착된다. 그의 글은 화베이(華北) 및 왕징웨이 정권 하의 난징(南京)뿐 아니라 항일구 나아가 일본에까지 번역되어 읽히고 있었다. 5·4신문화운동의 기수이자 루쉰의 친동생이기도 한 저우쮜런의 언동, 자잘하게는 그 문학가적 행동까지도 정치적으로 독해되고 있었던 것 같다. 전시에 그것은 미묘하면서도 절대적인 효과를 발휘했다. 「중국의 사상문제」(1942)라는 에세이가 그런 예다. 이 글은 마쓰에다 시게오(松枝茂夫)의 번역으로 『개조』(改造, 1943. 4)에 게재되었다.

이 에세이가 쓰인 경위에 대해서는 기야마 에이유가 『저우쭤런 '대일협력자'의 전말』에서 『지당회상록』(知堂回想錄)에 근거하여 논한 바 있다.[13] 「중국의 사상문제」는 베이징시를 중심으로 발족한 '신민회'(新民會)[14]의 주요사상인 '대동아신질서'에 대항하여 쓰여졌다. 기야마의 지적 중 흥미로운 대목은, 당시 왕징웨이 정권 하에 난징에서 결성된 '동아연맹중국총회'(東亞聯盟中國總會)의 주장과 저우쭤런의 「중국의 사상문제」가 서로 통하고 있다는 점이다. 그 방증으로 그는 「중국의 사상문제」가 1942년 5월 난징 중양(中央)대학에서의 강연에 근거하고 있음을 들었다. 또 하나 부기할 것으로 왕징웨이 정권 하 '동아연맹중국총회'는 '정치 독립', '경제 제휴', '군사 동맹', '문화소통' 등을 주요 슬로건으로 내걸었는데, 그 중 '정치 독립'에 대해서는 도쿄의 도조 히데키 일파도 경계했다고 한다. 그런 의미에서 볼 때, 중국의 중심사상을 한문전통과 유교의 가르침으로 귀착시켰던 저우쭤런의 에세이는 결과적으로 '신민회' 이데올로기를 표적으로 삼아 일본에 해학적 저항을 드러냈을 가능성이 크다. 물론 이런 말이 저우쭤런을 '대일협력자'로 단죄하는 데 영향을 미칠 수는 없을 것이다. 다만 하나의 사상행위로서 「중국의 사상문제」는 중국의 윤함구, 해방구(解放區 ; 공산당 지배지역), 국통구(國統區 ; 국민당 지배지역) 나아가 일본을 포괄하는 문화공간에서, 어떤 독특한 의미 작용을 하고 있었던 것 같다.

물론 실증주의적 입장에서 볼 때, 저우쭤런의 「중국의 사상문제」

---

13) 木山英雄, 『週作人「對日協力者」の顚末』, 岩波書店, 2004. 197~198 참조. —지은이
14) 베이징시에서만 2만 9천여 명의 회원을 모은 반공정치단체로 이 단체에 일본군 선무반(宣撫班)도 포함되어 있었다.

를 '저항'으로 단정해서는 곤란하다. 그리고 그것이 일본어로 번역되어 일본인에게 공공연히 읽혔기 때문에 결과적으로 일본이 쉽게 받아들였다는 해석도 가능하다. 나아가 다른 독해 방법으로, 이 에세이는 정치성이 완전히 배제된, 단순히 중국인의 문화전통 일반을 논한 글로 볼 수도 있다. 그러나 일본어로 번역되지 않은 「한문학의 전도」(1943)에 이르면 「중국의 사상문제」보다 한발 더 나아간 어조가 산견(散見)되는 바, 저우쭤런의 발신은 양자를 함께 읽을 때 독특한 의미를 갖게 된다. 「한문학의 전도」가 상정하는 한자·한문의 범위는 사실상 중국이라는 공간설정을 넘어서 있었다.

> 각개인의 다양한 입장에서 보더라도 한자·한문은 경우에 따라 상당히 불편한 점이 있을 것이다. 그러나 국가민족을 위해 생각해 보면, 이는 시간적·공간적 매듭을 유지하는 커다란 힘일 뿐 아니라, 나아가 동아문화권에도 결코 적지 않은 매개가 될 것이다. 이런 중요한 문제에 이제부터 각별히 주의를 기울여야 한다.[15]

여기서 사용된 '동아문화권'이라는 말에 과도한 의미부여를 할 필요는 없겠지만, 그것은 분명 '동아문화권' 헤게모니 구축에 관심을 가진 일본인의 경계심을 자극하기 십상이었다. 그리고 「한문학의 전도」 이삼 년 전에 쓴 또다른 글 「한문학의 전통」(1940)과 「중국문학의

---

15) 周作人,「漢文學的前途」,『文藝』1943. 7(인용은 『藥堂雜文』, 香港勵力出版社, 31쪽부터).— 지은이

두 가지 사상」(1943)을 겹쳐 읽으면, 확실히 저우쭤런은 고대 중국의 이민족에 대한 '문화적 동화' 과정을 당시 '동아문화권'의 문화헤게모니 구축에 빗대고 있었다.

그것을 가능케 할 조건(한자·한문이 '동아문화권'의 매개가 될 조건)이 그 당시 실제로 있었는지의 여부는 중요하지 않다. 또한 그후 채 2년이 되지 않아 '점령'은 막을 내렸고, 저우쭤런이 일련의 에세이에서 보여 주려 했던 사상행위도 역사의 쓰레기통 속에 버려지고 말았다. 저우쭤런에게(그리고 적지 않은 중국 지식인에게) 중국 고대역사라는 참조틀은 확고하게 존재했지만, 2차세계대전의 귀추, 즉 근대 제국주의전쟁이 중국에 가져올 복잡한 영향은 예측 불가능한 것이었다. 직설적으로 말해 저우쭤런의 말은 잘 봐 줘야 시대착오적 헛소리에 불과했다. 다만 거기에 좀더 생각해 볼 가치가 있다면, 그것은 저우쭤런의 패배주의적 저항태도의 원천이다. 실제로 그는 단순한 복고주의자가 아니었다. 5·4신문화운동에 대한 환멸을 계기로 중국전통으로 회귀한 것이었다. 그의 패배주의가 중국 근대화 과정에 대한 절망에서 기인한 것이라 할 때, 그것을 근대 중국의 아포리아를 구성하는 사상행위로 위치지을 수 있지 않을까?

4. 베이징에서 다케우치 요시미의 행동과 사상

저우쭤런의 사상 행동은 친형 루쉰, 특히 만년 상하이 시대의 루쉰과 비교할 때 특별한 의미가 있으리라 생각된다. 루쉰 만년의 사상행동은 소설 집필이나 고전 연구보다는 논쟁적 잡문(雜文)에 기울어 있었다.

루쉰은 자신을 시대착오적 인간으로 규정하면서도 좌익문예의 들끓는 소용돌이 속으로 과감히 진입했다. 국민당 특무경찰로부터 신변위협을 당하면서 공산당원 학자들과 논전(論戰)을 벌이기도 했다.

　왕후이(汪暉)가 잡지 경영, 그룹 창출, 칼럼 설립, 필명 사용 등 당시 루쉰의 임기응변식 방식을 안토니오 그람시(Antonio Gramsci)의 "도시정글 유격전"으로 규정한 대목은 흥미롭다.[16] 루쉰에 대한 이런 재평가의 문맥에서 보면, 윤함구에서 대학요직, 도서관장, 교육총서독변 등의 자리를 보장 받은 저우쮜런은 그와 대조적인 위치에 있었다. 그러나 저우쮜런 역시 자택에서 저격을 당하는 등, 물리적 위험이 산재한 (준)전시상황의 윤함구에서 이른바 유격전에 휘말리고 있었다.

　상하이의 루쉰에게 일본의 압박과 연관된 국공대립이 투쟁의 조건이었다면, 베이징의 저우쮜런에게 그것은 일본의 점령으로 인한 문화공간의 감시체제였다. 뒤집어 보면 모든 전쟁 상황은 문화전쟁의 단계, 다시 말해서 '문화공간'의 차원을 포함한다. 동시에 지식인 전쟁으로서의 '문화공간' 역시 항상 물리적 전쟁과 인접해 있다. 그런 의미에서 1937년에서 1939년 사이 베이징에 체재하고 있던 다케우치(그의 맹우인 다케다 다이준은 중국으로 출정했다)의 사색과 행동 역시 어느 정도는 생사가 걸린 전시상황을 전제한 '문화투쟁'이었다고 할 수 있다. 실제로 그의 일기를 보면, 1938년 9월 일본어 교사로 일했던 근대도서관과 나카하라 공사(中原公司) 그리고 미마쓰 쇼쿠도(美松食堂)

---

16) 汪暉, 『死火重溫』, 人民文學出版社, 2000. 427~433쪽 참조(김택규 옮김, 『죽은 불 다시 살아나』, 삼인, 2005). ─지은이

등에 "교묘한 폭약"에 의한 화재가 발생했다는 기록이 있다. 이는 베이징에서 다케우치가 느꼈던 긴장감을 측량하는 하나의 보조선으로 작용한다.[17]

한편, 당시 베이징에서 다케우치의 신분은 공식적으로는 어학연수생이었지만, 일기에서 보이듯 그는 '만철' 입사를 계획하고 있었고 나아가 일본어 교사를 하면서 중국어와 일본어 어학책을 집필하려 했다는 점에 주목하자. 윤함구 베이징의 근대도서관 혹은 (가짜)베이징대학 이학원(理學院)에서 일본어 교사를 했다는 것은 훗날 일본문화정책에 편입한 행위로 지탄받을 만한 행적이었다. 물론 그런 형식적 단정으로 다케우치 훗날의 사상행위의 의미를 명확하게 밝힐 수는 없겠지만.

만철 입사 계획은 우선 제쳐 두고, 다케우치가 베이징 체제 기간 중 어학책을 집필하려 했던 것부터 짚어 보자. 물론 다케우치가 어학책을 쓰고 말고의 여부가 일본 점령의 대세에 영향을 미칠 수는 없었다. 다만, 일본어 교사로서 일본인에게 중국어를 합리적으로 가르치는 것이 윤함구에 체재하고 있던 일본 지식인에게 모종의 문화실천을 위한 채널이자 수단이었으리라는 추정은 가능하다. 일기에도 기록되어 있듯, 당시 베이징에는 "你(安那大), 我(瓦大古十)"[18] 등 중국어 발음으로 무리하게 일본어문을 읽히려는 즉석 교과서가 범람했고, 일본 국내

---

17) 竹內好,「北京日記」(1938. 9. 29),『竹內好全集』第14卷, 築摩書房, 231쪽 참조.―지은이
18) 중국어로 '你'는 '너', '我'는 '나'를 뜻한다. 또한 '安那大'는 일본어 2인칭 대명사 'あなた'(아나타)의 중국어 음차이고, '瓦大古十'는 일본어의 1인칭 대명사 'わたくし'(와타쿠시)의 중국어 음차로 각각 '你'와 '我'를 음차한 것이다.

에도 일본식 한학의 영향으로 인해 현대 중국어 교습 과정이 제대로 정비되지 않았다. 이렇게 보면, 다케우치는 일중전쟁의 격렬한 전투 단계에서, 그것을 기회로 상호간 문화이해의 증진을 기하고 있었다고 해석할 수도 있다. 그러나 베이징 체제 중 어학교육이라는 채널을 통해 시도했던 다케우치의 문화실천은 그의 연보에는 좀처럼 노출되어 있지 않다.

당시 다케우치가 생각한 문화실천의 내용을 알려 주는 단서로서 「이사와 슈지에 관해」(伊澤修二のこと)라는 글이 있다. 1942년에 쓴 이 글은 이사와 슈지가 쓴 『동문신사전』(同文新辭典), 『지나어정음발미』(支那語正音發微)와의 만남으로 촉발된 것이었다. 다케우치의 서술에 따르면, 이사와의 어학 관련 저서는 만주국 등에서 비교적 광범위하게 유통되고 있었고, 다케우치는 이사와의 실천을 사상 실천의 실마리로 파악하고 있었던 듯하다.

당시 일본에서 이사와는 유명한 한자 폐지론자로서 알려져 있었고, 한자 옹호론자 사이에서는 그를 과격한 근대화론자로 보고 경계하는 경향까지 있었다. 그러나 실제 이사와가 남긴 업적을 보면 문제는 그렇게 단순하지 않다. 다케우치가 볼 때 이사와의 『동문신사전』과 『지나어정음발미』는 단적으로 말해 일본, 조선, 중국의 인민에게 언어를 쉽게 가르치기 위해 한자를 매개로 하는 어학교육체계를 세우는 것이었다. 물론, 그런 이사와의 작업이 일본제국의 대만 점령 및 조선반도 합병이라는 식민지경영 과정에서 파생한 것임은 재삼 강조해 두어야 하겠다.

이를테면 『동문신사전』은 삼국어 상용문자의 음훈(音訓)을 비교한 것이지만, 그것이 기도한 바는 공통의 한자에 기초하여 각 언어의 특질을 밝히는 것, 나아가 한자를 매개로 한 언어 공통화가 아닐까 생각됩니다. 현재 우리는 일본어와 지나어 각각의 한계를 무시한 공허한 한자일원론으로 골치를 앓고 있고, 또한 각 언어의 순수한 특질을 전제한 양국 간의 고차원적 문화교류가 얼마나 어려운지를 몸으로 통감하고 있지 않습니까? 소생은 국어의 순수함을 어지럽히는 무지한 한자의 노예(특히 한학자나 번역자 중에 그런 이가 많습니다)를 마음 깊이 증오하고 있습니다만, 동양 제국(諸國)에 공통적으로 사용되는 한자의 문화매개자로서의 가치는 정당하게 평가하고 싶습니다. 일본, 지나, 조선, 안남 등 각 국어 속에 특화되어 있는 한자의 의미는 언어가 문화의 형태로 존재하는 한 부정될 수 없습니다. 공통의 매개자인 한자를 통해 각 국어의 특질과 한계를 궁구하는 것이 동아에 새로운 문화를 꽃피우는 데 절대적으로 필요한 기초공사임을 수년간 절감해왔습니다. 메이지라는 왕성한 시대에 그런 선각자가 우리에게 있었다는 사실이 지금 얼마나 힘이 되는 일입니까.[19]

여기서 한자와 유교를 '중국의 중심사상'으로 규정하는 동시에 '대동아문화권'의 매개로 위치지으려 했던 저우쯔런의 사상행위를 환기하자. 이 두 시도는 거의 같은 시기에 나왔다. 기이하게도 다케우치

---

19) 竹內好, 「伊澤修二のこと」, 『竹內好全集』 第14券, 築摩書房, 310~311쪽(원출처는 『中國文學』 제83호, 1942. 9).—지은이

의 주장은 일견 저우쭤런의 그것에 장단을 맞추고 있다. 실증적으로는 우연의 일치에 불과할지도 모른다. 그런 것을 생각한 사람이 없지 않았을 테니 말이다. 또한 이 두 사람의 닮은 점을 인정한다 쳐도, 그게 뭐 대수냐는 반응도 있을 것이다. 그럼에도 불구하고 범상치 않은 인연으로 맺어진 일중의 두 지식인이 '동아문화권'에 대하여 비슷한 상(像)을 구축하고 있었던 점에 대해서는 그 의미를 곱씹어 봐야 하지 않을까?

그러나 두 사람이 같은 상을 공유하는 듯하지만 본질적으로는 다른 벡터를 지니고 있다는 데 세심한 주의를 기울여야 한다. 다케우치는 일본에서 유통되던 '동문동종'(同文同種) 이데올로기가 일중전쟁의 국면에서 그다지 생산적이지 못하다고 생각하고 있었다. 분명 비판의 핵심은 "공통의 매개자인 한자를 통해 각 국어의 특질과 한계를 궁구하는 것"에 있었다. 물론 표면적으로는 "동아에 새로운 문화를 꽃피"운다는 당시로서는 상투적인 미사여구도 보인다. 그러나 중요한 것은 다케우치가 일본인으로서는 특이하게 '동아문화권' 안에 있으면서 그 전쟁 상황 한복판에서 '문화적 독립'의 의미를 생각해야 했다는 사실이다. 일본이 부국강병을 지표 삼아 근대국가로서의 '독립'을 꾀했지만, 그것만으로는 '독립'의 충분조건이 되지 못한다고 비판해 온 그였다. 그는 일본의 참다운 '독립'은 자신이 속한 '한자문화권 속의 자기' 위치를 재확인하는 과정에서 이뤄진다고 주장해 왔다.

중국을 제외한 한자문화권에서 '근대화'의 일면으로서의 탈중화(脫中華)는 보편적으로 존재하는 사고방식이다. 반면, 중국의 '근대화'는 자신이 중국이므로 탈한문은 될지언정 탈중화는 될 수 없었다. 훗날 다케우치가 「중국의 근대와 일본의 근대」에서 말했듯이, 중국에서 '문화적 독립'은 어떻게 보면 자기 보존과 거의 동격이다. 반면, 중국 주변부의 경우 '문화적 독립'과 탈중화의 관계는 그다지 자명하지 않다. 다케우치의 말을 빌리면, 문제는 그리 단순하지 않으며 자연스럽게 결론이 날 것도 아니다. '동문동종'이라는 의사(擬似)과학이 만든 일본제 중국 이미지는 전쟁 상황에서 사실 중국과의 대면을 방해하고 있었다. 많은 일본인들이 물리적으로는 중국으로 돌입하는 듯했지만 실상은 중국과의 실질적 직면을 피하고 있다는 것이 다케우치의 생각이었다. 그가 "사변에 흥분"하면서도 크게 불만스러웠던 이유도 거기에 있었을 것이다. 이 전쟁을 통해 일본이 직면한 난제는 진정한 의미에서 탈중화의 어려움이었다. 일본의 '문화적 독립'은 이 전쟁 상황에 인접한 문화공간에서 중국에 직면함으로써 달성된다고, 그는 생각하고 있었다. 다케우치에게 이 전쟁은 일본인이 중국과의 격투를 통해 자기를 확인하는 일대 '문화공간'이었던 것이다.

5. 좌절 저편에 있는 것

한편, 역사의 거대한 물결은 두 사람을 더욱 깊은 지옥으로 유인하고 있었다.

윤함구에서 저우쭤런의 운명은 필연적으로 일본제국의 운명을 따를 수밖에 없었다. 일본제국의 무조건적 항복으로 화베이정무위원회는 자동 해산되었고 저우쭤런은 이후 법정에 몸을 내맡기는 신세가 되었다. 일본제국의 패색이 점점 짙어지던 그 시기 저우쭤런은 무엇을 생각하고 있었을까. 저우쭤런 연구자 첸리췬(錢理群)이나 기야마 에이유가 언급한 것 이상은 없으리라는 것이 나의 솔직한 생각이다. 그렇다면 이제부터는 패전에 이르기까지 다케우치의 사상행위 과정을 정리해 보도록 하겠다.

중국에서 돌아온 다케우치는 잠시 회교연구소에서 일했고 그 사이 중국 대륙 서부시찰에도 참가했다. 그러나 그에게 중요한 사건은 역시 자신이 만든 '중국문학연구회'의 해산과 잡지『중국문학』의 폐간에 집약되어 있다(물론『루쉰』을 완성한 후 중국으로 출정한 것이 그의 생물학적 삶에서는 가장 큰 위기였지만). 연구회의 해산과 잡지 폐간은 '대동아문학자대회' 참가 거부와 검열에 대한 불만 등에서 보이듯 문화통제에 따른 것이겠지만, 여기서는 우선 다케우치가 쓴「『중국문학』의 폐간과 나」를 따라 읽으며 논의를 전개해 보겠다.

이글에서는 먼저 "당파성을 상실했다"는 그의 단언적 언명이 나오고 이어 보신주의적 관료문화에 대한 비판이 전개된다. 당시『중국문학』은 이른바 일중친선 차원에서도 국내외의 큰 주목을 받고 있었다. 얼마간 간섭은 받았지만 평판만큼은 상승세를 타고 있었다. 다케우치가 연구회 해산과 잡지 폐간을 생각한 것은, 그 상승세로 인해 오히려 자신이 생각했던 '당파성'—자기보전적 관료문화의 부정—을 견지하기 어려워졌기 때문이다. 그는 이러한 위기의 시대에 필요한 결단은 오히려 그 '당파성'을 역사에 새겨 두는 것이라 생각했던 듯하다. 그런데 1943년에 쓰인「『중국문학』의 폐간과 나」에는, 다케우치가 당시 일본의 패전을 예측했는지의 여부와 별도로, 수년 전과는 다른 상당히 비장한 결의가 보인다. 「이사와 슈지에 관해」에서 이어진 다케우치의 '대동아문화' 구상에는 저우쭤런과는 다른 의미에서 극단적 '패배주의'의 색채가 가미되어 있었다.

> 나는 대동아문화가 일본문화에 의한 일본문화 부정에 의해서만 태어난다고 믿는다. 일본문화는 일본문화 자체를 부정함으로써 세계문화가 되지 않으면 안 된다. 무(無)이기 때문에 전부가 되지 않으면 안 된다. 무로 돌아간다는 것은 세계를 자기 안에서 그려 낸다는 의미이다. 일본문화가 일본문화로서 존재한다면, 그것은 역사를 창조하는 것이 아니다. 그것은 일본문화를 고착화하고 관료화하며 생의 근원을 고갈시킨다.[20]

정확히 말하면 '패배주의'라기보다는 궁극적 '자기부정' 논리라 해야 할 것이다. "무로 돌아간다", "세계를 자기 안에서 그려 낸다"는 둥 교토학파 특유의 둘러 말하기도 산견되는 이 글에는 당시 다케우치의 참조틀이 투영돼 있다. 교토학파의 '세계사적 철학' 논리를 순화하면, 일본이 '동아'의 일원이 되려면 자기변용을 거쳐야 한다는 것인데, 「『중국문학』의 폐간과 나」의 곳곳에서 다케우치는 그 불가능성을 선언하고 있는 듯하다. 「이사와 슈지에 관해」의 중심 화두였던 '문화적 독립'이 여기서는 흩어져 사라지고 있다. 아래 인용문에서 '일본문학'은 장르가 아니라 문화주체로서의 '일본'과 동의어로 해석되어야 한다.

---

20) 竹內好, 「『中國文學』の廢刊と私」, 『竹內好全集』 第14券, 築摩書房, 1981, 454쪽 (원출처 『中國文學』 제92호, 1943. 3).—지은이

그 경우, 우리의 결의를 일본문학이 받아들일까? 아닐 것이다. 받아들일 만한 일본문학은 극히 쇠퇴해 있고, 그런 까닭에 우리는 모임을 그만두지 않을 수 없었다. 즉 나에게 지나문학의 문제는 일본문학 개혁의 문제로 전환되어야 비로소 의미를 갖는다. 중국문학연구회의 해산은 그 결의의 발단이어야 한다.[21]

확실히 여기에는 멸망의 이미지가 떠돌고 있다. 이 선언을 보면, '중국문학연구회'라는 문화활동의 종언이 다케우치 요시미의 출정, 즉 '문화'를 완전히 박탈 당한 병사로서 중국을 향하는 그의 근미래를 예언하는 듯하다. '문화'라는 탄알을 다 쏴 버린 후 '쇠' 탄만 남은 그의 미래를.

그러나 「『중국문학』 폐간과 나」에 그토록 절망적 색채가 묻어 있음에도, 한편에서는 부활이 예고되어 있었다. "마지막으로 덧붙여 두고 싶은 것은, 해산 이유가 무엇이든 나의 사회적 책임이 해제되지는 않는다는 점이다. 중국문학은 천하의 공기(公器)이다."[22] 이상하게도 다케우치는 전후에 복간된 『중국문학』에는 간여하지 않았다. 그 대신 앞서 말한 "사회적 책임" 혹은 "천하의 공기"인 매체의 임무를 정상화시켰다. 아이러니컬하게도 그는 패전국가의 전후(戰後)를 재발견하는 과정에서 과거 한 시기의 좌절을 뿌리째 자원으로 되살려 낸 것이다. 또한 그렇기 때문에 다케우치의 전후 작업은 이른바 당시 "사회적 책

---

21) 竹內好, 앞의 글, 455~456쪽.—지은이
22) 竹內好, 앞의 글, 458쪽.—지은이

임"을 전후의 전쟁 책임으로 전화하는 동시에, 일본사회에 새로운 공공성을 세우는 기획으로 이어질 수 있었다.

    일본이 시작한 전쟁은 분명 중일 역사 2백여 년 이래 최악의 기억이다. 그러나 그 문화공간에 기투(企投)한 그의 사상행위는 오늘을 살고 있는 우리들에게 다양한 시사점을 주고 있다.

2장_왕복하는 '눈' 혹은 '냉전' 여행
뤼다오에서 베이징으로

1. 시작하며—도깨비 깃발

지금 저 태극기에는 도깨비가 나부끼고 있다. 그 위에 성조기가 있는 한 결코 해방은 오지 않는다.[1]

다큐멘터리 작가 김동원의 『송환』. 주인공은 남파 간첩으로 수십 년간 정치범으로 수감되고 나서야 바깥사회로 나온 노인들이다. 김석형은 그 중 한 사람으로 '북'의 고급관료였고 '남'의 지식인을 조직하기 위해 내려온 인물이다. 출소한 후 그는 서울의 빈민가 봉천9동에서 주민들의 도움을 받으며 생활해 왔다. 예의도 바르고 학식도 풍부한 그는 기회가 날 때마다 조국통일을 설파하며 '북'을 찬미하는 정치활동을 펼치는데, 봉천9동의 주민들에게는 당혹스러운 일이 아닐 수 없다. '반공' 이데올로기가 스며든 한국사회의 주민들이 그에 놀라는 것은

---

1) 김석형의 발언, 『송환』 중에서(森達也編, 『送還日記』, リトルモア, 2006, 80쪽).—지은이

이상한 일도 아니지만, 그 당혹스러움에는 진실에 대한 반응도 얼마간 배어 있었던 것 같다. 당신들은 태극기 위에 휘날리는 저 도깨비 같은 성조기가 보이지 않느냐고 다그쳤을 때, 김석형은 사실 한국사회에 대한 평범한 진실을 내뱉은 것이다. 일례로 최근 미군 재배치로 기지 확장의 칼바람에 시달리고 있는 평택에서는 국가가 나서서 농민의 토지를 강제로 빼앗았으며, 농지 근처 번화가에는 태극기와 성조기가 위풍당당하게 게양되어 있다.

한국에서 김석형은 '벌거숭이 임금님'을 폭로한 아이였다고 말할 수 있다. 그러나 이 '아이'는 한국사회에서 잔혹한 처벌을 당하지 않고 살아가고 있는 듯하다. 빈민가 주민들은 김씨의 말과 행동에 당혹스러워하면서도, '북'으로 돌아가기 전까지 이 노인의 생의 한 자락을 존경어린 마음으로 따스하게 보살피고 있었다.

그렇다면 물음을 뒤집어 보자. 현재 일본에서 그런 사람들은 어떻게 받아들여지고 있는가. 지금 일본에서 '북'의 인간, 특히 김석형처럼 특수공작을 수행했던 이는 소위 '납치' 문제와 연결되어 가장 무시무시한 '도깨비'로 내몰리고 있다. 물론 다른 한편, 그의 정치발언, 즉 미국을 비난하고 미국에 종속된 자국까지 통렬히 비판하는 언설로 잔꾀를 부리는 일본인도 상당히 있을 터다. 하지만 그런 이들은 한국에서 김석형의 위치 즉 '벌거숭이 임금님'을 폭로하는 아이의 위치엔 설 수 없을 것이다. 일본이 미국의 세계 군사전략에서 준헤게모니를 구성한다는 일반론이라면 이미 새로울 것도 없다. 일본에선 누구도 그에 놀라지 않을 것이며, 그런 말을 내뱉는 사람을 일면 두려워는 하겠지만 존경하는 일은 있을 수 없다. 그러나 나는 묻고 싶다. 대체 왜 그럴까?

이 물음에 답하려면 먼저 '보이지 않는 정치'의 위상을 처리할 능력이 필요하다. 한국사회에서 반공의식은 말할 것도 없이 거대한 전제였지만, 동시에 한국 주민에게 김석형은 동포였다. 그의 '이상한 행동' 역시 따뜻하게 지켜봐 줘야 한다는 민족적 전제도 있었던 것이다. 이 장면에서 되돌아보고 싶은 것이 있다. 냉전체제 하 동아시아에서 일본은 한국(혹은 대만)만큼 '사회주의자'에 관한 표상정치가 가혹하게 작동되지 않았다는 사실이다. 그러나 오늘날 일본은 이를테면 '납치' 문제가 발생한 2000년 이후 '북'을 새삼스레 타자화하는, 실로 괴상한 광경을 드러내기 시작했다.

그렇다면 문제는 지금의 일본국가를 향해 '벌거숭이 임금님'이라 소리쳐 수많은 일본인을 동요시킬 그 '아이'는 대체 어떻게 출현할 수 있는가이다. 한국에서는 '북'의 간첩이었던 장기수가 출옥했지만, 그와 정반대로 지금 일본에서 그 '아이'는 예방구금 혹은 추방되고 있지는 않은가. 그런 의미에서 김동원의 『송환』이 일본에 소개되었다는 사실은 그 '아이'가 일본사회로 들어온 것을 의미한다고도 생각할 수 있겠다. 동아시아 포스트냉전 정치에 참여하기 위해 오히려 우리는 그 '아이'를 우리의 바깥에서 찾아나서야 할지도 모르겠다.

2. 뤼다오에서

그 '뤼다오 산장'의 연못은 오래 전에 제가 만들었습니다. 아름답죠?[2]

---

2) 2005년 여름, 천잉전(陳映眞) 인터뷰 중에서. —지은이

2005년은 한국에서는 해방 60주년, 중국에서는 항일승리 60주년(그리고 대만에서는 광복 60주년)이 되는 해였다. 그 해 여름 나는 대만 동부에 위치한 뤼다오(綠島)로 향하고 있었다. 첫번째 방문은 태풍으로 실패했고 얼마 후인 두번째에야 간신히 도착할 수 있었다. 군데군데 일본어로 된 표지가 남아 있는 걸 보아 일본에서 수입한 것으로 보이는 중고 페리를 타고 40분 정도 가자 마침내 섬에 들어갈 수 있었다. 뤼다오는 일본 통치 시대 '부랑자'를 수용하는 훈련시설을 갖추고 있었지만, 1950년대 백색테러[3]가 횡행하면서 주로 사회주의자를 감금하는 공포의 섬으로 변했다. 거기에는 통칭 '뤼다오 산장'이라 불리는 정치범 수용시설이 있었는데, 그 정식 명칭이 '갱생훈도소'[新生訓導所]라는 것이 흥미로웠다. 이때 '갱생'은 정치범을 향한 말이다. 정치범이란 '갱생'을 맹세해야 할 존재였던 것이다.

그렇다면 지금의 뤼다오는 어떠한가. 1980년대 후반의 '민주화'를 거치면서 정치범은 석방되었다. 1990년대 후반부터 극심한 관광개발에 시달린 뤼다오는 제주도와 비슷한 처지가 되었고 요즘 젊은이들에게 '정치범의 섬'이란 완전히 옛말이 되어 버렸다. 과거 정치범이 넘쳐났던 '갱생훈도소'(뤼다오 산장) 일대는 이제는 인권기념 지구가 되었고 감옥은 전시관으로 바뀌었으며 인근 해안에는 '인권기념비'가 있는 작은 공원이 조성되었다.

---

3) 국공내전에 패한 장제스 국민당 정권은 1949년에서 1950년까지 대만에서 엄혹한 계엄통치를 펼치며 좌익에 혹독한 공격을 가했다. 영장 없이 체포하거나 재판도 없이 처형하는 등 무자비한 탄압을 자행하여, 이 시기에만 적어도 4천 명이 총살당하고 1만 명 이상이 투옥된 것으로 알려지고 있다.

"카메라를 향해 웃어 주세요"라는 문구가 달린 감시 카메라가 해안의 공원을 지키고 있었다. 내가 도착했을 때는 다른 손님이 전혀 없어서인지 '인권기념비' 부근에는 기묘한 정적이 감돌았다. 이 '인권기념비'는 리덩후이(李登輝)[4] 정권 당시 '인권교육기금'에 의해 1999년 완성된 것으로, 개장식에는 리덩후이 본인도 참석했다. 다만 문제가 된 것은 그 '인권기념비'에 새겨진 정치범들의 이름이 배열된 방식이었다. 지금의 부통령인 뤼슈리엔(呂秀蓮)처럼 이 '갱생훈도소'에 수감되지 않았던 인물의 이름이 새겨져 있는가 하면 있어야 할 이름이 빠진 것도 문제로 떠올랐다. 그곳에 이름이 새겨진 사람들을 대략적인 정치범주로 묶자면 국민당 정권에 맞섰던 자유주의자 및 대만 독립운동의 투사들이다. 다시 말해 이름이 빠져 있는 이들은 1950년대의 압도적 다수파이자 처형을 당하기도 했던 사회주의자들인 것이다. 뤼다오를 방문한 후 나는 일찍이 그 곳에 수감된 적 있는 작가 천잉전으로부터 자세한 사정을 들을 수 있었다. 그의 말에 따르면 살아남은 정치범들은 모두 정부의 규정에 따라 보상금을 지급받았지만, 그들의 죄목, 즉 '반란죄'에 대한 법적 규정이 바뀌지 않아 명예회복을 이루지는 못했다. 이것이 사회주의자들이 그곳에 이름 새기기를 거부한 가장 큰 원인이라는 것이다.

다시 현장으로 돌아가자. '인권기념비'가 있는 공원을 나온 나는, 지금은 전시관이 된 당시의 감옥(뤼다오 산장)을 드디어 볼 수 있었다.

---

4) 장제스에 이은 대만 제2대 대통령. 타이베이 시장, 부통령 등을 거쳐 대만 출신 최초의 대통령 역임. 국민당 주석의 자리에도 올랐다.

건물이나 운동장은 예전대로 보존되어 있었고 '반공복국'(反共復國) 같은 반공선전 표어와 병사들을 그린 벽화들이 거의 지워진 채 방치되어 있었다. 또한 신설 공간에는 과거 정치범의 사진과 당시의 시사뉴스들이 전시되어 있었다. 하지만 나는 그보다도 거기에 걸려 있는 세 가지 색깔로 구분하여 칠해진 세계지도 앞에서 꼼짝할 수 없었다. 그 세계지도는 세계를 자유국과 반(半)자유국과 부(不)자유국으로 구분해 놓았는데, 북미, 일본, 대만 등에는 '자유'의 색이, 대륙 중국에는 '부자유'의 색이 당연하다는 듯 배당되어 있었다. 그곳에서 나는 문득 깨달았다. 오늘날 대만에서 사회주의자 정치범들은 지금의 국민당 정치방침과 뒤섞여 '통일파'로 불리지만 자의든 타의든 '인권기념비'에는 빠져 있으며 전시장의 세계지도에서도 '부자유'국으로 내몰리고 있는 것이다.

그때 또다른 상념이 떠올랐다. 오늘날 대만 정부는 중국 대륙에서 오는 관광객에게 일시적으로 비자를 개방하는 방침을 취하고 있다. 대만에서 이 섬은 이미 중요한 관광지로서 앞으로 대륙 중국의 관광객들이 이 인권공원에 발을 들여놓지 않으리라는 보장은 없다. 그때 그/그녀들은 감옥 벽면에 새겨진 과거 반공문화의 자취, 그리고 신(neo)반공문화라고도 할 그 세계지도를 어떻게 바라보고 또 느낄 것인가. 그러나 아마도 그/그녀들은 이 인권공원에서 사회주의자가 소거된 사실을 알아차리지 못한 채 지나치게 될 것이다.

하루만의 짧은 일정이었지만 아무래도 마음에 걸려 한 곳을 더 찾아가 보기로 했다. 일 년 전쯤 뤼다오를 방문했던 중국 연구자가 알려준 '공동묘지'다. 호텔에서 오토바이를 빌려 그 즈음이라 생각되는 인권공원 부근을 달렸다. 해안을 따라 이어진 좁고 울퉁불퉁한 길을 타고 가던 중 돌연 그 '공동묘지'가 나타났다. 거의 지워진 문자로 '대만성 보안부 갱생훈련처 공동묘지'라고 새겨진 비석이 바다의 절경을 향해 있었다. 주위에는 무참하게 흩어져 있는 크고 작은 묘비들이 풀숲에 파묻힌 채 방치되어 있었다. 묘비에 새겨진 글자들을 하나씩 더듬더듬 읽어 나갔다. 푸젠(福建), 산둥(山東), 쓰촨(四川)이라는 글자들이 눈에 들어와 그들 대부분이 대륙 출신임을 알 수 있었다. 아마도 냉전이라는 상황 탓에 대만 출신이 아닌 경우에는 사체를 인수하러 오지 못한 모양이다. 묘비는 모두 바다를 바라보고 있었지만 그 바다는 고향인 중국 대륙을 향하는 바다가 아니었다. 뤼다오, 그곳은 대만의 동쪽으로 중국 대륙의 반대편이었던 것이다.

3. 대만의 사회주의자

성장하면서 대만 공산당과 농민운동 등은 점차 상식 수준의 지식이 되어 갔다. 광복 이후에 온 중국 관료들은 지난날 대만의 운동에 대해 어떤 생각을 갖고 있을까? 이민족 지배 하에서 마땅히 했어야 할 반항으로서 긍정적으로 보고 있을까? 아니면 위험한 반체제운동이라고 생각할까? 나는 정말 알 도리가 없었다.[5]

---

5) 林書揚·藍博洲 編, 『從二·二八到五十年代白色恐怖』, 臺北 : 時報文化出版, 1992, 36~37쪽.—지은이

대만의 사회주의자라는 존재는 일본에서는 어떤 형상으로도 떠오르지 않을 것이다. 냉전 시기 대만에서 사회주의자들의 생존은 공식적으로 불가능했으리라. 대만의 사회주의자 정치범이라는 존재를 문학의 세계에서 형상화한 작품이 앞서 언급했던 천잉전의 소설 「자오난둥」(趙南棟, 1987)[6]이었다. 이 「자오난둥」이라는 제목은 어느 여성 정치범이 자신이 낳은 아이의 이름을 감옥 안의 '남쪽 건물'(南棟)에서 따온 데서 붙여졌다. 1950년대 당시 중고생이었던 천잉전에게 옥중의 사회주의자들이 어떠한 죽음의 두려움 속에서 몸부림쳤는지는 이후 세대로서 커다란 관심사였던 듯하다. 천잉전 자신도 1967년부터 7년간 감옥에 있었지만, 소재로 삼은 1950년대의 에피소드는 살아남은 이전 세대의 정치범에게서 얻었다고 한다. 「자오난둥」의 최대 모티프는 밖에 남겨진 가족이 안에 갇혀 있는 이들의 존재를 더 이상 사상적으로 구원할 수 없게 된 비극성에 있다. 대만의 사회주의자는 이제 인간존재로서도 사회의 관심으로부터 사라져 가고 있었다. 이 소설에는 그런 위기감이 깔려 있다.

그런데 그런 대만 사회주의자들이 생사의 전율을 경험한 정점이 바로 한국전쟁이라는 역사적인 사건이었다. 천잉전의 「자오난둥」에도 한국전쟁의 발발과 그에 따른 감옥 안 사회주의자들의 반응이 묘사되고 있다.

---

6) 천잉전의 「자오난둥」은 계간 『전야』(前夜) 제1기 3호(2005/4)에 번역되기 시작하여 제1기 8호(2006/7)에서 완결되었다. 『전야』 편집부에 감사드린다. ―지은이

그 해 유월, 한국전쟁이 발발했다. 그 소식이 감방으로 전달되자, 거의 모든 방에서는 격변하는 역사와 시국에 관한 논의가 오갔다. 그때 자오칭윈(趙慶雲)은 이런 의견을 내놓았다. 미국이 대만 해협에 들어와 군사적 개입을 하는 까닭은 대만의 민심을 안정시켜 미국 스스로가 '민주를 존중하는 나라'가 되기 위해서다. 그러니까 어쩌면 정치범에 대한 냉혹한 사형집행을 줄이든가, 잘하면 못하게 할지도 모르겠다. 장시밍(張錫命)과 린톈푸(林添福)는 다른 이유이기는 했지만 기본적으로는 자오칭윈(趙慶雲)의 생각을 지지했던 것 같다. 그러나 차이쭝이(蔡宗義)는 이 문제를 두고, 같은 방을 쓴 이래 처음이라 해도 좋을 비관적인 태도를 취했다. "제7함대가 해협에서 순찰하기 시작하면 역사는 순식간에 궤도를 변경하게 될 거요." 차이쭝이는 다소 우울한 듯 말했다.[7)]

그후 실제로는 어떻게 되었을까. 한국전쟁이 발발하고 같은 시기 미국의 태평양 제7함대가 대만 해협을 봉쇄하자 사회주의자 정치범의 대량 처형이 단행되었다. 내가 일찍이 타이베이 외곽의 류장리(六張犁) 공동묘지에서 봤던 수많은 묘비에 적힌 날짜들 역시 이 사실을 증명한다. 그렇기에 이 소설에서 오고간 대화들을 보면 가슴이 저민다. 백색테러로 거꾸러지듯 쏠려간 장제스의 이 정치적 결단은 대만 해협의 봉쇄에 의해 단행되었다고 할 수 있다. 감옥의 섬, 뤼다오의 위치는 바로 대만 해협 반대편이 아니면 안 되었던 것이다.

---

7) 陳映眞,「趙南棟」,『前夜』第一期八號, 影書房, 2006/7, 232~233쪽.―지은이

*

나는 뤼다오 행 직전에 실제로 그곳에 수감되었던 대만의 최장기수 린수양(林書揚)을 인터뷰할 기회를 얻게 되었다. 1950년에 체포되어 1984년에 출옥했던 린수양은 현재 노동당의 책임자다. 나는 대만 연구자인 마쓰나가 마사요시와 함께 노동당 사무소를 방문했다.

애초에는 1926년생인 린수양에게 전전과 전후의 언어 변화에 관해 물어볼 요량이었지만, 화제가 2차세계대전 말기로 번지자 이야기는 생각지 않은 방향으로 흘러가 다른 에피소드를 듣게 되었다. 당시 린수양은 일본 수비대에 편입되어 펑산(鳳山)의 무기고에서 일했다고 한다. 며칠만에 한 번씩 타이난(台南) 마더우(麻豆)에 있는 집으로 돌아왔는데, 그때 심부름을 하러 온 한 명의 농부를 만나게 되었다. 그 농부를 보낸 사람이 그에게 요구한 것은 일본 장교가 태평양전쟁의 전황을 어떻게 파악하고 있는지에 관한 정보였다. 명확히 하자면, 그 인물은 일찍이 도쿄에서 대만 공산당원(일본공산당 대만 민족지부)으로 만주사변 때 수감되었다가 태평양전쟁 전 해에 석방되었다. 수신(蘇新)[8]이라는 이름의 그 인물은 대만에서는 유명한 전(前)세대 사회주의자였다. 수신은 이후 2·28 사건[9]에 즈음해 중국으로 도망쳤지만, 출옥 직후인 태평양전쟁 당시에는 '후방'의 식량생산체제에 편입되어

---

[8] 언론·정계인사. 1928년에 일본공산당 가입하여 일본에서『대중시보』(大衆時報)를 발행했다. 1931년에는 대만공산당 선전부장을 맡았으나 체포되어 12년간 옥살이를 하였다. 대만 광복 후에는『정경보』(政經報),『중외신보』(中外時報) 등의 신문을 주편하며 애국민주운동을 선전했다. 1947년 2·28 사건 이후 홍콩으로 도주하였으며, 1949년 중국 대륙으로 건너갔다. 중국에서 전국정협(全國政協) 위원, 대만민주자치동맹(臺灣民主自治同盟) 상무이사, 전국대만동포우의연합회(全國臺灣同胞友誼聯合會) 위원 등을 역임했다.

토끼 사육을 생업으로 삼고 있었다. 농민들은 수신을 '토끼네 주인'이라 불렀는데, 바로 그 수신이 일본군에 속한 린수양의 집으로 농부를 보냈던 것이다.

나중에 알려진 사실이지만 수신은 대만에 미군이 상륙할지, 그 판단을 위한 재료를 린수양을 통해 일본장교로부터 얻어내고자 부심하고 있었다. 그리하여 '토끼네 주인'은 마을사람들에게(실은 정보가 확산되는 일을 경계해 집주인에게만) 은밀히 이러한 지시를 내렸다고 한다. 바다 쪽에서 포성이 들리면 그 즉시 먹을 것과 생필품을 챙겨 산으로 도망치라고. 그후의 역사의 추이를 더듬어 생각해 보면, 대만이 오키나와가 되지 않고, 또 그래서 오키나와처럼 미군기지로 뒤덮인 땅이 되지 않은 것은 바로 카이로선언[10]에 의해 대만의 중국 복귀가 이미 결정되었기 때문이었다. 그런 의미에서도 애초 연합국이 대만을 전장으로 삼는다는 판단은 현실성이 없었다. 하지만 흥미로운 사실은 일본의 식민지배가 최고조에 이르렀을 때, 일본이 일으킨 전쟁이 파국으로 치달으리라는 예감에 전율하면서도 자신의 고향을 지키려고 노력한 사회주의자가 있었다는 것이다.

수신은 1981년 베이징에서 죽었다. 그의 유골은 베이징 교외에

---

9) 1947년 타이베이시에서 전매국 단속원들이 밀수 담배를 팔던 한 좌판상 여인을 과잉단속하는 과정에서 총격이 발생하여 대만인 한 명이 사망했다. 다음날인 2월 28일 외성인의 압제에 저항하는 본성인들의 대규모 시위가 일어났고 그것이 전국적으로 확산되자 국민당 정부는 계엄을 선포했다. 계엄은 40년 후인 1987년에 종료되었다.
10) 연합국이 2차세계대전 이후 일본 영토에 관한 기본방침을 처음으로 공식 성명한 선언. 주요 내용 중 "1차세계대전 후 일본이 탈취한 태평양 제도를 박탈하고 만주, 대만, 펑후제도(澎湖諸島) 등을 중국에 반환하며 일본이 점령한 모든 지역에서 일본세력을 구축한다"는 내용이 들어 있다.

있는 바바오산(八寶山)의 혁명열사 공동묘지로 이장되었다. 1947년 대륙으로 건너간 수신은 중화인민공화국에서 여러 대만 관련 임무에 종사했다. 그리고 1960년대 중반에 불어온 '문혁'의 바람 속에 불우한 생활을 보내다가 1978년에야 간신히 '복권' 되었다. 수신의 저작은 대만에서도 읽을 수 있게 되었는데, 대륙 중국의 땅에서 그는 일관되게 대만 상공에 나부끼는 저 '도깨비 성조기'를 규탄하고 있었다. 물론 글의 내용은 이른바 중화인민공화국 정부의 '통일전선'이라는 공식적 틀을 거의 벗어나지 않는다. 그러나 '도깨비 성조기'를 향한 그의 역사적 감각은 중화인민공화국의 공적 이데올로기를 넘어서고 있다. 적어도 종전 직전에 수신이 보여 준 행동을 감안한다면 말이다. 당시 대만에 있던 수신이 예감하고 또 두려워했던 사태란 바로 그후 오키나와인이 들어야 했던 미군함의 함포사격 소리이자 1950년 9월 미군의 인천상륙작전으로 시작된 학살이 아니었을까?

1979년 미국과 중국이 국교를 회복한 후 대만에서 미군기지는 사라졌다. 지금 대만에서 미군기지는 물리적으로는 존재하지 않는다. 중국은 대만에서 기지가 철수한 것은 바로 1979년 미중국교회복을 이끌어 낸 중화인민공화국의 노력 덕택이라 평가한다. 그러나 대만에서 미군은 공식적 외교관계와는 어긋나는 지점에서 미묘하게 존속하고 있다. 이른바 오늘날의 '대만 방위'가 미국의 국내법인 '대만관계법'[11]에 의해 규정되고 있음은 주지의 사실이다. 말하자면 대만은 외교관계에서는 미국에 버림 받았지만 실상은 미국 안에 있는 것이다. 바깥에서 보면 그것은 대만(중화민국)의 헌법보다 미국의 국내법이 상위에 있는 기이한 형국이다. 그러나 미군기지가 떠난 후 대만은 오히려 그렇기 때문에 미국의 군사적 존재에 점점 더 심리적으로 의존해 가고 있다.

그런 점에서도 오키나와와 대만은 미국에 대한 평가를 좀처럼 공유할 수 없다는 의견이 많다. 그러나 실상 그 뿌리는 모두 태평양전쟁에 있지 않을까. 냉전기 대만에서 미군기지의 역할이 거의 '통신'에 한정되어 있었던 사정도, 대만에서 지상전이 치러지지 않았다는 것, 즉 군사점령이 없었다는 사실과 깊이 관련되어 있을 것이다. 만약 미군이 대만에 상륙했더라면 대만은 전혀 다른 땅이 되었을 것이다. 그런 의미에서도 대만에서 미국의 그림자는 말 그대로 **보이지 않는** '도깨비'가 되어 있다. 대만의 이 **보이지 않는** '도깨비'는 바로 오키나와와 한국에 있는 미군기지의 '그림자'인지 모른다.

4. 베이징에서

공산당원에게 은퇴란 없다. 은퇴란 혁명을 그만두는 것, 그것은 잘못된 것이다. 공산당원이라면 그래선 안 된다. 할 수 있는 한도까지, 더 이상 아무리 해도 안 될 때까지 해봐야 한다.[12]

2005년 그 여름 나는 수신이 묻혀 있는 땅, 베이징을 방문했다. 원래 목적은 항일전쟁 및 대만 광복 60주년을 기념하기 위해 중국사회과학

---

11) 미국이 1979년 중국과 수교하면서 대만과 맺고 있던 공동방위조약을 폐기하고 이를 대체하기 위해 그해 4월 제정하고 발효한 국내법. 대만에 대한 안전보장조항을 담고 있으며 필요에 따라 대만에 대한 병력 투입을 허용하고 있다.
12) 蘇新, 『未歸的臺共鬪魂―蘇新自傳與文集』, 時報文化出版, 1993, 95쪽.―지은이

원이 개최한 '동아시아 현대문학에서 전쟁과 역사기억'이라는 심포지엄에 참가하기 위해서였다. 거기에는 중국 외에도 일본, 한국 그리고 대만에서 온 여러 학자들이 참가했다. 그리고 며칠 전 타이베이의 사무실에서 인터뷰를 했던 작가 천잉전의 모습도 보였다.

천잉전은 '배반당한 황군'이라는 주제로, 일본군 소속 대만인의 정체성 변천 및 그 역사성에 관해 발언했다. 아울러 그는 그 문제를 일본과 대만 사이에 묻어 둬서는 안 되며, 동아시아에서 태평양전쟁 및 냉전·탈냉전 시기의 새로운 패권 편제에 관한 물음으로 끌고 가야 한다고 주장했다. '배반당한 황군'이라는 주제는 대만에 대한 중국인의 이해도를 묻는 것이었다는 점에서 도전적이었다.

그런데 흥미롭게도 논평을 맡은 대만 출신(양친은 대륙 출신)의 천광싱(陳光興)이 대륙 학자들을 향해 도발적인 문제를 던졌다. 중국사회과학원의 문학연구소 내에서도 현대중국문학과 홍콩·대만, 화인문학(華人文學)은 별도의 영역으로 나뉘어 있다. 말하자면 대만문학은 중국의 정통 교의(敎義)와 정반대로 중국현대문학과 분리되어 있는 것이다. 천광싱의 발언은 대만의 정체성 착종에 관한 역사적 상황을 오히려 대륙 중국의 정체성에 관한 물음으로 바꿔 놓겠다는 의도였다고 짐작된다. 한국, 일본 그리고 대만의 학자들이 초청된 데서 알 수 있듯이, 이 심포지엄의 기획은 종래 '중국의 항전'이 지니는 의미를 '동아시아의 전쟁'으로 열어 나가는 데 있었다.

그러나 이런 시도는 이제 시작일 뿐이었다. 이 심포지엄에서도 한국의 논자는 한중 문제를 우선과제로 다뤘고 일본 연구자는 중일관계를, 대만 학자는 당연하게도 양안 문제를 한결같이 논의했다. 중국을 중심으로 방사형의 관계망이 짜여졌던 것이다. 또한 이 심포지엄의 중심 주제 역시 중국의 '항전', 즉 '대(對)일본'이라는 문맥을 의식한 것이었다. 특히 이 60주년의 봄 베이징과 상하이를 중심으로 터져 나온 반일 시위에 관한 화제는, 비록 회의에서는 다뤄지지 않았지만 잠재된 화두로서 회장에 거대한 '음영'을 드리우고 있었다. 그러나 일본에서 온 학자들은, 초대 받은 사람이 많아서인지 이따금 일본이 화제로 올라도 '새로운 역사교과서를 만드는 모임'의 역사서술을 문제 삼는 등, 어떤 의미에서는 중국정부가 만든 종래의 공적 논리 주변을 맴돌 뿐이었다. 즉 국교 회복 시점에서 중국공산당이 채택했던 바, 일부의 군국주의자에게 죄를 전가하는 방식을 답습하는 데 그쳤던 것이다.

그러나 '대일본'이라는 잠재적 맥락을 괄호 안에 넣는다면, 청중의 한 명으로서 내가 느꼈던 중국 측의 중심 주제는 이러했다. 즉 중국 현대문학의 과제로서, '항전문학'으로 성립된 문학을 어떻게 유럽에서 수립된 '전쟁문학'처럼 전쟁 일반을 비판하는 보편적 형식으로 전화시킬 것인가. 지금으로서는 직감적으로밖에 말할 수 없지만, 여기에는 국민국가의 성립과 두 차례에 걸친 세계대전이라는 역사구조를 검토하지 않고서는 풀리지 않는 문제가 존재한다는 생각이 든다. 말할 필요도 없이 유럽의 경우, 국민국가들(혹은 제국주의들)이 두 차례의 세계대전을 일으켰다는 점이 그들의 전쟁관 형성의 대전제가 되어 있다. 유럽에서 1차세계대전은 유럽문명의 위기 전반으로 경험되었고 그로 인해 적과 아를 가르던 과거의 선악판단은 오히려 전쟁 일반을 악으로 규정하는 사고를 마련했다. 그럼에도 그 결과로서 2차세계대전이 발발했다. 이런 궁극적인 좌절 깊은 곳에는 역시 무언가가 있다.

그러나 문제는 그것이 2차세계대전을 파시즘 진영과 그에 대항하는 '민주주의' 진영이라는 이항대립으로 단순화해 버렸다는 점이다. 결국 두 차례에 걸친 세계대전의 경험 속에서, 국민국가와 전쟁과의 연관으로부터 이탈 내지 탈락을 표시하는 '전쟁문학'이 성립했다.

그러나 동아시아의 경우는 2차세계대전에 와서야 비로소 세계대전 규모의 전쟁을 경험했으며, 또한 그 시기 국민국가의 외관을 갖추고 있던 것은 일본과 중국뿐이었다.[13] 그러나 사실상 분열되어 있던 중국은 오히려 항일전쟁을 통해 '민족·국민'을 수행적으로 추출해 내고 있었고, 대만과 조선반도는 그 한복판에서 제국 일본의 일부로 편입되어 갔다. 다시 말해, 세계대전의 시간구성이라는 지평에서 본다면, 동아시아에서 유럽의 '전쟁문학'과 같은 것을 성립시키는 역사적 차원은 1945년까지는 존재하지 않았다고 볼 수 있다.

동아시아에서 이른바 '전쟁문학'의 성립 가능성 여부를 제쳐 두고 말하면, 1945년 전쟁 결과에 대한 배반으로서 시작된 냉전(열전)은 동아시아 전쟁관 형성에 결정적 작용을 했음에도 불구하고 쉽게 간과되어 버린 것이 아닐까? 그리고 그 냉전(열전)의 최정점에 분명 한국전쟁이 있다. 한국전쟁은 한국 '독립'이 좌절되는 과정으로서의 내전이자 미소 동서진영이 첨예하게 맞섰던 최전선이며, 나아가 과거 중일전쟁의 당사자였던 중국(인민의용군)과 일본(후방의 병참기지)이 참가한 전쟁이라는, 세 가지 층이 중첩된 다차원 전쟁이었다. 한 가지만 더

---

13) 미국은 2차세계대전에 와서야 세계대전에 참가했고 또 승자가 되었는데, 이것이 유럽과 미국의 차이를 결정지었는지도 모르겠다. 미국은 1차세계대전을 경험하지 않았기에 국민국가 간의 전쟁을 악으로 간주하는 사고를 형성하지 못했다고도 볼 수 있다.—지은이

부연하자면 앞서 언급했듯이 한국전쟁은 대만의 사회주의자들에게 결코 남의 일이 아닌 자신의 생명과도 직결되는 사건이었다. 동아시아 내부의 대화에서 이 냉전(열전)을 1945년까지의 전쟁과정과 함께 다루는 얼개를 마련하지 않는다면, 각각이 모순을 품고 있는 이 복잡한 과정을 처리할 수 없으리라.

그런 의미에서 설사 중국이 미국과 소련을 가상의 적국으로 삼았다 해도 실제 자신의 영토 안에서 전쟁을 치른 적이 없다는 사실은, 냉전의 문제를 검토할 때 중요한 전제조건이 아닐 수 없다(한국전쟁 역시 중국 영토 바깥이었다). 물론 실감이라는 면에서 냉전은 중국에 내부의 문제로 받아들여져 왔다. 다만 흥미로운 점은 역설적으로 그런 중국이야말로 동아시아 냉전에서 가장 강력한 행위자였다는 사실이다. 동아시아의 냉전에서 중국이 존재하는 방식, 즉 그 내부적 시점과 외부적 시점 간의 낙차는 포스트냉전기를 살아가는 우리에게 (초기)냉전의 문제를 다루는 맹점으로 작용하고 있음을 염두에 두지 않으면 안 된다.

5. 결론을 대신하여—동아시아의 심정지도를 찾아

액체 A와 액체 B가 혼합될 때 만약 액체 A가 의식을 지니고 있다면 그것은 자신이 액체 B와 서로 섞인다는 관념에는 이르지 못할 것이다. 그것이 만약 동양이라면 자신을 잃어버린 것을 느낄 따름이다.[14]

---

14) 竹內好, 「中國の近代と日本の近代」, 『日本とアジア』, ちくま學藝文庫, 1993, 19쪽(서광덕·백지운 옮김, 『일본과 아시아』, 소명, 2004).—지은이

동아시아에서 진행된 1945년까지의 전쟁(및 식민지 동원) 그리고 그후의 냉전(열전)을 검토한 지금, 최종적으로 남는 물음은 아마 일본의 위치일 것이다. 1945년까지의 제국 일본에서 전후 일본으로 변모해 간 과정은 냉전기의 다른 동아시아 국가나 지역과는 전혀 달랐다. 이 변화에는 물론 미국에 의한 '점령=민주화' 과정의 문제가 배태되어 있을 것이다. 여기서 요청되는 작업은 바로 제국 일본이 붕괴된 1945년 이후에 가능했을지도 모를 또다른 '민주화'의 경로를 새롭게 상정함으로써 동아시아의 심정지도를 고쳐 쓰는 일이리라.

그 하나의 가설적 시도로서 동아시아에서 '일본의 그림자'를 새로 측정하는 프로젝트를 생각해 볼 수 있겠다. 말하자면 앞서 말한 강력한 행위자인 중국과 정대칭의 위치에 있는 '일본의 그림자', 다시 말해 냉전의 감춰진 행위자로서의 '일본'을 상상하는 문제이다. 최근 수년간 나는 한국, 대만 그리고 중국을 오가며 한편으로는 피부 감각을 통해, 또다른 한편에서는 실증자료를 축적하면서 그 '일본의 그림자'를 다소간 이해할 수 있었다. 어떤 의미에서는 당연한 말이겠지만, 각지에 흩어져 있는 '일본의 그림자'들은 각 지역의 정체성과 깊게 관련되어 있음에도 불구하고 서로 참조대상이 되지 못하고 있다.

예를 들면 앞서 말한 베이징 심포지엄에서도 문제로 등장했던, 친일적 대만과 반일적 한국·중국이라는 구도가 있다. 결론부터 말하자면 이런 구도는 전혀 무의미하다. 검증과정을 내놓는 일은 이후에나 가능하겠지만, 일단은 이렇게 말할 수 있지 않을까? 이를테면 한국 사람들은 일상적으로 일본이라는 국가를 의식하지 않을 수 없는 문화구조에 처해 있다. 반면 오늘날의 대만에서는 일본이라는 국가를 의식하는 정도가 극도로 낮다고 할 수 있다. 대만의 일상적 대외의식 속에 들어 있는 것은 미국의 동향과 대륙 중국의 정치적·경제적 행방이며, 일본은 이미 현실적 의식구조에서 커다란 거리를 두고 밀려나 있다(일본 정부가 대만 해협의 '유사사태'에 관심을 갖겠다고 선언하지 않는 한). 그 거리가 대만에서 식민지 노스탤지어를 부르는 토양이 된 반면, 한국에서는 일본과의 가까움으로 인해 절대로 노스탤지어가 허용되지 않는 것이다.

그런데 이 거리는 식민제국 시기의 지배구조와도 관련된다. 조선반도에서 '창씨개명'은 80퍼센트를 넘었지만 대만에서 '개성명'(改姓名)은 허가제였던 탓도 있어 3퍼센트 정도에 그쳤다. 이런 차이는 만주지배권 강화를 비롯하여 일본제국이 중국 대륙에 존재감을 확고히 다지는 과정에서 조선반도를 더 강하게 '황민화' 해야 했던 당시의 지정학적 사정과도 관련된다고 생각할 수 있다. 나아가 다수의 무산계급 노동자들의 내지 유입에서도 보이듯, 조선인들은 강렬한 기세로 일본의 중심부를 향해 빨려들어가고 있었다.[15]

이상의 서술은 동아시아의 심정지도를 다시 그리기 위한 한 가지 사례에 불과하며 검증을 요하는 것임은 두말할 나위도 없다. 그러나

---

15) 나아가 식민지화 이전의 토양에서 보더라도, 조선의 경우 이미 일본 상인을 통해 일본의 지리와 풍토를 꼼꼼히 답사해 놓았던 반면, 대만은 청조로부터 일본에 할양된 이후 처음으로 일본의 실정을 조사할 수 있었다. 그런 이유로 고토 신페이(後藤新平) 시대(1898~1906)에 와서야 '구관조사'(舊慣調査)가 이루어졌던 것이다. 그 시기부터 대만은 일본의 변경이었다. 그와 동시에, 대만은 이른바 중국의 천하관념에서 보더라도 주변의 땅이었다고 할 수 있다. 이는 대만이 줄곧 한민족의 개척지였다는 점에서도 분명하게 드러난다. 말하자면 대만은 일본제국의 배치에서도, 중국의 천하관념에서도 주변이었다. 나아가 오늘날 대만에 관해서는 그 방위기구로 보건대 미국의 '주변'이라는 위치설정도 가능할 것이다.―지은이

확실한 것은, 이처럼 눈에 잘 보이지 않는 심정지도를 몇 번이고 고쳐 나가는 작업을 통해서만 동아시아 내부의 대화가 이루어질 수 있다는 점이다. 그때의 핵심은 말할 것도 없이 저 '도깨비'일 터. 다만 그때 일본인이 반드시 해야 할 일은 저 '도깨비'에 바싹 달라붙어 작은 '도깨비'로 연명해 온 전후 일본의 망령을 현재에서 과거로 소급하고 또 그 영역을 동아시아로 확대함으로써, 철저히 파헤쳐 몰아내는 일이리라. 지금 우리에게 필요한 것은, 일본인 스스로가 자신을 '벌거숭이 임금님'이라 밝히는 문제제기의 방법을 새롭게 터득하는 일이다.

다케우치 요시미는 일본이라는 국가의 성격에 관해, 유럽처럼 주체성을 갖지도 못하면서 동양처럼 저항도 하지 않는 일본은 실상 아무 것도 아니라고(즉 도깨비?) 평한 바 있다. 일본에 대한 그의 이러한 성격 규정은 냉전기 나아가 포스트냉전기에 이른 오늘날에도 여전히 의미심장한 문제제기로 남아 있다.

3장_한국전쟁으로 돌아가라!
제2차 한국전쟁과 '핵'에서 벗어나는 힘

사람이 돌아가는(歸) 바를 귀(鬼)라 한다. 귀는 본디 사람으로 사자(死者)의 얼굴을 나타낸다. 귀는 숨은 화를 부른다.[1]

1. 히로시마 평화기념자료관에서

2006년 10월 9일 조선민주주의인민공화국(이하 DPRK)은 자신의 영토에서 핵실험을 했다. 그로부터 14일째인 10월 23일, 나는 히로시마 평화기념자료관을 방문했다. 이번 핵실험에 평화기념자료관이 어떤 반응을 보일지 궁금했기 때문이다. 자료관 입구에 설치된 커다란 시계탑(지구평화 감시 시계) 아래에는 두 개의 전광판이 각기 다른 숫자를 기록하고 있었다. 하나는 히로시마에 원폭이 투하된 이후의 일수(日數)인 '22358', 다른 하나는 전세계에서 실시된 최후의 핵실험 이후의

---

1) 人所歸爲鬼, 從人, 象鬼頭, 鬼陰賊害…(『說文解字』). '鬼'와 '歸'는 중국어 발음이 같다.─지은이

일수 '14'였다. 이 두 숫자는 앞으로 어떤 운명의 길을 걷게 될 것인가. '14'는 또다른 숫자와 함께 어지러울 정도로 거대하게 불어날까, 아니면 새로운 젊은 숫자로 대체될까. 그렇다면 그 새로운 숫자는 과연 어디에서 출현할까…….

자료관 안으로 조금 더 들어가면 '핵 지구본'이라 명명된 전시물과 만나게 된다. 거기에는 미국과 러시아, 프랑스, 중국, 인도, 파키스탄과 같은 핵보유국들의 지도 위에 각국이 보유한 탄도탄 수량을 나타내는 미사일 모형이 꽂혀 있다. 그리고 '핵 지구본' 옆에는 "북조선은 2006년(平成 18년) 10월 9일 핵실험을 실시했다고 발표했습니다"라고 적힌 작은 안내판이 세워져 있었다. 히로시마 평화기념자료관의 항의가 담겨 있는 듯했다. 그러나 그 시계탑의 전광판이 핵실험의 현장 자체는 묻지 않았다는 점에서, 만일 다른 국가가 핵실험을 시도한다면 안내판도 바뀔 것임을 예상할 수 있다. 물론 멀리서 바라보면, 그 작은 안내판은 사실 그 옆의 커다란 '핵 지구본'과 함께 놓여 있다는 것 말고는 별다른 효과가 없다.

이런 전시물의 콘셉트가 상징하듯, 평화기념자료관은 핵문제를 추상적으로 다루고 있다. 즉 어느 나라(혹은 지역)가 핵을 보유하고 있는지는 강조하지 않고, 이른바 '모든 핵무기에 대한 비판'을 견지하는 것이다. 여기서 문득 떠오르는 것이 있다. 평화공원 원폭사망자위령비에 새겨진 "편안히 눈 감으소서. 과오는 반복되지 않으리니"라는 유명한 비문에 관련된 논쟁이다. 극동국제군사재판 판사로서 재판 전체에 근본적인 비판을 가한 바 있는 팔(Radhabinod Pal) 박사는 1953년 히로시마를 방문했을 때 비문에 대해 논쟁적인 지적을 한 바 있다. 과오

를 범한 주어가 부재하다는 것, 즉 팔은 원폭을 투하한 주체를 밝히지 않은 데서 기인한 모호함을 원리적으로 비평한 것인데, 이에 대해 일본(히로시마) 측은 십수 년 후에 그 주어가 인류 전체라고 결론지었다. 요네야마 리사(米山リサ)가 날카롭게 지적했듯이, 이런 주어의 부재는 일본 평화운동의 내셔널한 담론이 끌어안고 있는 일종의 '보편주의'로서 언어구조적 한계를 담고 있다.[2] 한편, 히로시마는 DPRK의 핵실험에 관해서도 종래의 '보편주의' 콘셉트를 견지함으로써 대부분의 일본 대중매체가 취하는 DPRK 악마화의 유혹으로부터 얼마간 벗어나 있다고 말할 수도 있다.

평화기념자료관은 비록 이 언어구조의 문제를 해결하지는 못했지만, 또다른 의미에서 히로시마는 아시아에서 주어가 되기 위해 노력을 거듭하고 있으며, 그것은 특히 군사도시로 발전하여 아시아침략의 거점이 된 데서 분명히 드러난다. 일청전쟁 시기 메이지 천황과 다이혼에이(大本營)[3]의 이동으로 군사도시가 된 히로시마는, 그후 일로전쟁 나아가 일중전쟁 당시 히로시마 제5사단의 '활약'을 공개하고 원폭투하 이후의 역사서술에서는 한국인 피폭자 문제를 제기하기에 이른다.[4] 이는 아시아와의 피할 수 없는 관계를 세상에 알리겠다는 히로시마의

---

2) 米山リサ, 「序章」, 『廣島-記憶のポリティクス』, 岩波書店, 2005, 22~25쪽 참조.—지은이
3) 전시 혹은 사변시 일본의 최고 통수기관이다. 천황 직속기구로, 육군 최고지휘관인 참모총장과 해군 최고지휘관인 군령부총장이 각각 육해군 막료의 장으로 천황을 보좌하였다. 육해군의 통합 지휘를 도모하기 위하여 설치되었으나 실제로는 양군 사이의 대립이 심각하였으며, 대체로 세력이 강한 육군부가 주도했다. 군사침략을 획책하는 총본산이었다.
4) 米山リサ, 앞의 책. 한편 1970년 재일 조선인이 세워 1990년 평화기념공원 안으로 이전한 한국인 원폭위령비도 있는데, 이와 관련해서는 요네야마의 책 중 「제5장 エスニックな記憶・コロニアルな記憶—朝鮮人原爆慰靈碑をめぐって」를 참조하라.—지은이

점진적 노력이 보여 주는 궤적이다.

내가 알고 싶은 것은 이것이다. 전후 점령 하 히로시마의 평화운동은 동아시아라는 맥락 속에 자신을 어떻게 자리매김하려 했던가. 이어서 그와 표리를 이루는 미국의 핵정책을 어떻게 보고 있는가. 마침 최근 DPRK이 핵실험을 자행한 참이라, 나는 미국이 한국전쟁에서 원폭투하를 검토하던 시기와 경위에 대해 어떤 서술들이 있는지 궁금해졌다. 내 눈에는 다음과 같은 두 가지 설명문이 들어왔다.

점령군과 보도준칙

패전으로 일본은 6년 8개월 동안 연합군에 점령되었고 히로시마는 영연방군의 관할 아래 놓였습니다.
점령정책 중 특히 1945년(쇼와 20년) 9월 실시된 보도준칙은 출판·보도에 관한 검열을 강화하고 특히 원폭 보도에 대해 엄격한 규제를 가했습니다. 오랫동안 원폭피해의 전모와 의미가 전국으로 전해지지 않았던 데에는 보도준칙도 한 원인이었습니다.
또한 보도준칙은 원폭을 묘사한 소설 삭제 및 원폭 화집 발매금지에도 적용되어, 심리적인 압력을 크게 행사했다고 합니다. 점령이 끝난 후 원폭 관계 기사와 출판물은 급격히 늘어났습니다.

평화제(平和祭)의 중지

한국전쟁(1950년 6월~1953년 7월) 발발 직후인 1950년(쇼와 25년) 8월 6일, 점령군의 지령으로 평화제를 비롯한 모든 집회가 금지되었습니다. 원폭의 참화를 되풀이하지 않겠다는 국제평화운동에 점령군이 억압을 가했던 것입니다. 당시 하마이 신조(浜井信三) 시장은 파리에서 "조선반도에 원폭 사용을 반대한다"고 말했습니다.

이 해의 평화제 중지는 피점령 기간의 상징적인 사건이었습니다.

2. 한국전쟁의 사이클

평화기념자료관에는 일찍이 하마이 신조 시장이 말한 바 "조선반도에 원폭사용을 반대한다"는 담화와 이번 DPRK의 핵실험에 대한 비판이 나란히 전시되어 있었다. 하지만 이 두 사건 사이의 역사적 연계에 관해서는 적극적인 의미부여를 하지 않고 있다. 그저 어느 편도 이웃인 조선반도가 문제가 되는 상황에서, 그 연계를 어떻게 표상할지는 그곳을 방문한 관광객에 맡겨져 있는 듯했다.

한쪽에는 DPRK 군대와 중국 인민지원군의 참전에 기해 미국이 조선반도에 원자폭탄의 사용을 검토했던 상황이, 다른 한편에서는 DPRK이 자국에서 핵실험을 자행한 상황이 있다(그러나 최종적인 '핵' 사용의 가능성 및 그 대상이 명료하지는 않다). 한국전쟁 당시 검토된 원폭투하와 이번 핵실험을 연결하는 시공간적 회로는 어쨌거나 한국전쟁 이래 지속된 동아시아의 '냉전'이라는 시공간을 의미할 터, 우선은 그 시공간 안으로 진입해 보는 것이 필요할 듯싶다.

*

한국전쟁의 경위와 그 주된 동인에 관해서는 오늘날 소련 측의 자료도 발굴되는 등 연구 수준이 정비되고 있는 참이니 자세한 내용들은 그 성과들에 의지하고 싶다.[5] 다만 한국전쟁을 고찰할 때 한국전쟁 이후 30년이 넘게 공백으로 남아 있던 것은 바로 중국 측 관점이었다. 주젠룽(朱建榮)의 노작 『마오쩌둥의 한국전쟁』(毛澤東の韓國戰爭, 1991)은 1차자료를 발굴하기가 어렵던 시대, 공들인 조사와 구술녹취를 통해 특히 중국 인민지원군의 참전 경위를 밝히는 데 큰 족적을 남겼다.

그와 별도로, DPRK이 개전을 결단한 이유에 관해 주젠룽이 제시한 시각이 흥미를 끌었다. 즉 중국내전이 일단락된 1949년 10월 이후 인민공화국으로부터 조선인 병사 3만 5천 명 이상을 DPRK으로 귀환시키는 결정이 중조(中朝) 간에 이루어졌는데 많은 병사들이 북으로 귀환하자 조선반도 남북의 군사 균형이 급변하게 되었고 그것이 DPRK의 개전 결단을 촉진했다는 것이다. 그런 의미에서 보더라도 잠재적으로 한국전쟁을 국공내전의 연장선상에 위치지어야 할 필연성이 생긴다. 조선인 부대의 귀환이 있었기 때문에 개전이 결의된 것이며, 바로 그렇기 때문에 중국은 애초에 원하지 않았지만 결과적으로 한국전쟁에 참전하게 되었고, 결정적으로는 미국과의 대립관계로 들어서야 했던 것이다.

오늘날 6자회담이라 일컬어지는 틀에서도 교섭의 잠재적 주축은 분명 중국과 미국이다. 두 대국은 지금 서로에 대한 불신이 가시지 않은 상태에서 손을 맞잡고 있다. 여기서 걱정되는 것은 한국전쟁이 남긴 그림자를 쌍방이 어떻게 감지하고 있는가이다. UN군(미군)이 인천

---

[5] 브루스 커밍스의 『한국전쟁의 기원』을 비롯해 여러 저작들이 이미 출판되었다. 일본에서도 와다 하루키(和田春樹)의 『한국전쟁전사』(朝鮮戰爭全史) 등이 있으며, 특히 한국전쟁의 발발에 관련된 역사적 경위는 거의 밝혀졌다고 할 수 있다.—지은이

에 상륙한 이후 가장 첨예하게 맞붙었던 격돌도 바로 UN군(미군)과 인민지원군 간의 싸움이었다. 그때 인민지원군 병사 중 많은 수가 조선족 혹은 내전 과정에서 발생한 국민당 출신 포로병이었다는 논의들이 여러 방면에서 나오고 있다. 다만 확실한 것은 인민지원군 투입이 역사의 자연적인 흐름이라기보다 고도의 정치적 판단에 의한 것이라는 사실이다. 인민지원군 투입은 DPRK(김일성)이 스탈린에게 요청하고 중국정부(주로 저우언라이周恩來)와 모스크바가 오랜 협의를 거친 끝에 결정되었다. 당시 린뱌오(林彪)[6] 등 중국 수뇌부에서는 신중론이 강하게 제기되었지만, 마오쩌둥이 신중론을 누르고 최종적으로 참전을 결정했다고 한다.[7] 어찌되었건 이는 결과적으로 UN군(미군)을 다시 38선까지 밀어냄으로써 사회주의권에서 중국의 지위 향상과 마오쩌둥의 권위 확보에 기여한 것으로 평가되고 있다.

여기서 거듭 확인해 둬야 할 것은 한국전쟁에 앞선 조선인 부대의 귀환과 마찬가지로, 인민지원군의 참전 경위에서도 중국의 내전과 한국전쟁은 어떤 연관을 보인다는 점이다. 부연하자면, 중국이 인민지원군을 파견하는 대신 내전 완성 단계에서 '대만 해방'을 포기했다는 견해가 있는데, 상당히 설득력이 있다. 한국전쟁의 발발로 미국의 태평양 제7함대가 대만 해협에 진입했을 때, 중국은 '대만 해방'의 주력부

---

[6] 중국의 군인 정치가. 1928년 징강산(井岡山)에서 홍군 창건에 힘썼으며 항일전쟁 중에는 팔로군 115사단장을 지냈다. 1950년 한국전쟁 초기 중국인민지원군 총사령관을 지냈으며, 1958년 당 부주석, 이듬해 국방부장이 되었다.
[7] 당시 소련은 공군을 포함해 실질적인 지원을 유보했는데, 이것이 중국 내부에서 신중론이 제기된 주된 논거였다. 하지만 마오쩌둥은 정치적 결단으로 신중론을 잠재웠다(朱建榮, 「第七章 大論爭」, 『毛澤東の朝鮮戰爭』, 岩波書店, 1991) 참조.―지은이

대로 간주되던 중국 동남부 연해 지역의 많은 병력(주로 제3야전군을 중심으로 한 수십만)을 동북부로 재배치하여 조선반도의 정세에 대응했던 것이다. 노골적으로 말하면 이 전쟁의 결과 중화인민공화국이 대만 대신 38도선 이북에서 압록강까지의 '지대'를 손에 넣었다는 표현도 성립한다.

또한 지도자에 초점을 맞춰 이 전쟁의 헤게모니의 추이를 살펴보면, 인민지원군 투입 이후 실질적인 군사령관 자리는 김일성에서 마오쩌둥으로 넘어갔으며 김일성은 펑더화이(彭德懷)[8]와 같은 지위에 만족해야 했다. 전해진 바에 따르면 이 콤플렉스는 마오쩌뚱이 죽을 때까지 김일성의 마음에서 가시지 않았다고 한다. 결과론이겠지만 인민지원군이 투입되지 않았다면 UN군(미군)은 분명 압록강까지 점령했을 것이다.

이상 훑어본 내용만으로도, 한국전쟁은 결코 적지 않은 부분에서 국공내전의 자장 안에 있으며, 조선반도의 통일을 목적으로 삼았던 내전이 동아시아 전체(와 미국)를 끌어들이는 총력전으로 전화했고, 이후 오늘날의 휴전을 맞게 되었다는 서술에 필연성을 부여할 수 있으리라.[9] 그런 의미에서 한국전쟁에는 조선반도 내부에 머물지 않는 역사적 맥락이 담겨 있다. 또한 거기에는 '핵'이라는 심급도 뒤얽혀 있다.

---

8) 중국의 군인 정치가. 한국전쟁 당시 중공군을 이끌고 한반도에 들어왔으며 국방부장에 취임하였으나 실각, 1978년에 복권되었다.
9) 여기서 주목하고 싶은 대목은 오늘날에 이르기까지 중국이 저 한국전쟁을 어떻게 해석하고 있는가이다. 주젠룽의 설명에 따르면 마오쩌둥이 살아 있던 1970년까지는 역시 국제 공산주의의 대의를 위해 참전했다는 해석이 주도적이었지만, 80년대 이후에는 국방적 관점에서 참전을 평가하는 쪽으로 전환되고 있다.—지은이

즉 한국전쟁의 휴전 상태(동아시아의 냉전 상태)는 트루먼이 원폭투하를 단념한 이래 시작된 역사적 사이클을 그려왔다. 트루먼 독트린[10] 이 냉전을 규정했다고는 하지만 결과적으로 그것은 핵사용을 검토하고 또 단념했다는 문맥에서 오늘날 우리가 알고 있는 동아시아의 시공간을 규정했다. 2006년 10월 9일 DPRK에 의한 핵실험 역시 그런 맥락에서 사고되어야 한다는 점을 새삼 강조하고 싶다.

바로 그렇기 때문에 2006년 10월 20일 김정일 총서기가 중국의 탕자쉬안(唐家璇) 국무위원을 만나 부친의 '유훈'이라며, 조선반도의 비핵화를 구가한 1991년 남북비핵화공동선언의 입장을 거듭 천명한 일은 하나의 중요한 화제로 다룰 필요가 있다. 이 비핵화선언 역시 한국전쟁에서 원폭이 사용될 수도 있었다는 가능성을 역사적 기원으로 삼고 있기 때문이다. 그런 의미에서 보면, 이번 DPRK의 핵실험은 원폭투하의 검토와 그 회피 이후 오랫동안 지속되어 온 휴전 상태로부터의 일탈을 뜻하는 것일까, 아니면 휴전 상태 자체를 끝내는 뭔가 새로운 역사적 사이클의 시작일까……. 이에 관해서는 의견이 분분하다.

분명 10월 9일의 핵실험은 한국전쟁이 끝나지 않았음을 우리에게 상기시켜 주었다. 그리고 실제로 DPRK이 '핵'을 보유하고 있다면, 실질적으로 '핵'을 없애기 위해 대면해야 할 새로운 역사적 무대가 출현한 것이나 다름없다. 어찌되었건 조선반도의 비핵화라는 콘셉트는 한국전쟁을 어떻게 끝낼 수 있을까? 나아가 더 크게는, 동아시아 전체의

---

10) 1947년 미국의 트루먼 대통령이 의회에서 그리스와 터키에 대한 군사 원조를 요청할 때 선언한 외교 정책의 새로운 원칙. 공산주의 세력으로부터 자유주의 진영을 힘으로 지킨다는 의사를 분명히 하여 냉전을 공식화하였다.

냉전 상태는 어떻게 종결할까? 이러한 물음들이 역사적 과제로서 우리의 목전에 새롭게 다가오고 있는 것 아닐까?

3. 중국의 핵실험에서

한국전쟁이 한창이던 때 미국이 핵폭탄 사용을 보류하게 된 경위는, 적어도 일본 내부에서는 전술한 바처럼 히로시마 평화제의 중지라는 구체적 폭력으로 나타났다. 히로시마 평화기념자료관은 그 폭력을 지금까지 기억하고 있었다. 점령 당시 보도준칙이 히로시마·나가사키에게 어떤 시련을 안겼는지 똑똑히 고발하고 있었으니 말이다. 그리고 점령이 해제된 이듬해인 1954년 비키니 환초(Bikini Atoll)[11] 에서의 제5후쿠류마루(第五福龍丸) 피폭사건[12]을 계기로 일본의 반핵운동은 커다란 진전을 이루게 되었다.

한편, 이렇게 시작된 전후의 반핵평화운동의 맥락에서 오늘날 떠올려야 할 사건 중 1962년의 쿠바위기[13]와 1964년의 중국 핵실험[14]이 있다. 주지하는 바처럼 일본의 반핵평화운동은 이미 핵무기를 보유하

---

11) 서태평양 미크로네시아에 위치한 환초(環礁)이다. 1946년 7월부터 이곳에서 미국의 원자폭탄 실험이 실시되어 유명해졌다.
12) 1954년 3월 1일 비키니 환초 동쪽 167킬로미터 지점에 있던 일본 참치잡이 어선 제5후쿠류마루(第五福龍丸) 선원들은 비키니 환초에서 미국이 행한 6메가톤 수소폭탄 실험의 섬광을 목격했고, 당시 이 배에 떨어진 낙진으로 그 해 9월 23일 한 선원이 사망했다.
13) 1962년 소련이 쿠바에 미사일 기지를 건설하는 일로 미국과 대립한 사건. 소련이 기지 건설을 포기함으로써 타협이 이루어졌다.
14) 1964년 10월 16일 중국은 최초의 핵실험을 성공시켰다. 이것은 소련과 미국의 위협에 대항하는 의미가 강했다. 이후 중국은 UN안전보장이사회의 상임이사국이 되었으며, 1996년 7월까지 모두 45회의 핵실험을 실시했다.

고 있던 소련에 대한 대응을 둘러싼 근본적 문제, 즉 세계의 모든 핵무기에 반대할 것인가, 아니면 사회주의권의 핵무기 보유의 정당성을 유보할 것인가라는 기로에서 우왕좌왕했다. 연달아 일어났던 이들 두 사건은 당시 상황에서 더욱 복잡한 사정을 지닌다. 쿠바위기 이후 오히려 소련이 평화공존론(데탕트)으로 기운 반면 중소대립은 결정적인 국면으로 치달았다. 즉 중국 핵실험이 갖는 긴박감은 소련에 대한 대항이라는 문맥에서 고조되었던 것이다. 아무튼, 중국의 핵실험에 대응해야 하는 상황 속에서 일본의 평화운동이 안고 있었던 '주어'의 문제는 다른 패턴에서나마 일거에 드러나게 되었다.

1964년 중국의 핵실험이 일본의 반핵평화운동에 어떤 영향을 미쳤는지에 대해서는 따로 논할 것이다. 여기에서는 오늘날 DPRK의 핵실험과 관련하여 과거 중국의 핵실험이 담고 있는 사상적 문제를 다뤄보고 싶다. 당시 중국의 위상은 어떤 의미에서 오늘날 DPRK의 고립상태와 비슷한 구석이 있다고 여겨지기 때문이다. 당시 인민공화국은 미국은 물론 일본과도 국교를 체결하지 않았고, 나아가 UN에서 발언권도 없고 소련과도 심각하게 대립하고 있어 지금의 DPRK보다도 불리한 상황에 있었다. 현재 중국이 갖고 있는 국제적 지위를 미루어 보건대 너무도 현저한 차이라고 말하지 않을 수 없다.

전술한 바처럼 그런 중국의 핵실험을 두고 일본의 반핵평화운동에는 분열이 일어났지만, 그런 문맥과 다소 동떨어진 곳에서 냉전적 사고와도 무관하고, '모든 핵무기에 반대'한다는 주장과도 구별되는 어떤 입장이 존재했다는 사실을 잊어서는 안 되겠다. 아래 인용문은 다케우치 요시미의 「저우쩌런에서 핵실험까지」라는 글의 일부이다.

중국의 핵실험은 불행한 사건이었습니다. 있어서는 안 되며 있게 해서도 안 될 사건이었습니다. 인간으로서, 더구나 일본인으로서 이 사건을 두고 안타깝게 여기지 않을 사람은 드물 것입니다.

이성의 입장에서 이제껏 저는 중국도 포함한 모든 핵폭탄에 반대해 왔으며 앞으로도 반대할 것입니다. 그러나, 이런 말 하기는 좀 그렇지만, 이성이 아닌 감정적으로는 내심, 잘했다, 앵글로색슨과 그 졸개들(일본인을 포함하여)의 코를 잘도 납작하게 눌렀다라는 일종의 흥분을 감출 수 없습니다.

(중략)

일로전쟁의 시기 청국정부는 러시아가 승리하리라 믿고 그런 계산 위에서 러시아와 거래했지만, 민중들은 일본에 협력적이었습니다. 그리고 결과적으로 환호했습니다. 중국만이 아닙니다. 수에즈에서 쑨원이 아랍인들로부터 일본인으로 오인 받아 감사의 인사를 받았다는 유명한 일화도 있습니다.

일로전쟁이 없었다면 메이지 외교의 현안이었던 불평등조약으로부터의 완전한 탈피는 먼 훗날로 미루어졌을 겁니다. 그것을 생각하면 중국의 핵실험 성공에, 우리가 일로전쟁 당시의 중국 민중과 같은 감정을 갖는 것이 허락될 수도 있을 것입니다.

물론 핵을 보유하는 근본 동기는 군사적인 것입니다. 한국전쟁에서 베트남전쟁에 이르기까지 핵공격의 위협에 노출되어 온 중국이 대항 무기를 자력으로 개발하기 위해 불철주야로 매진했으리라는 것을 상상하기는 어렵지 않습니다. 이는 국제관계를 정치권력의 장으로 다룰 때의 이해 방식이며, 물론 맞다고 할 수 있습니다. 이러한 논법에 따른다면 중국이 핵그룹에 참가하게 된 것은 중국만의 책임이 아니라, 모든 강대국, 그 중에서도 미국의 책임이 크다고 할 수 있습니다. 하지만 제가 볼 때, 이런 설명만으로는 충분치 않습니다. 위협에 굴하지 않기 위해서라는 이유라면 중국의 공식성명에도 적혀 있고 나름대로 타당하겠지만, 그 밑바닥에는 좀더 깊은 심리적 동기가 있다고 봐야 하지 않을까요. 말하자면 굴욕을 되갚아 주겠다는 동기 말입니다. 저는 첫번째 동기에 관해서는 무조건 찬성할 수 없지만, 이런 동기라면 무릎을 치며 쾌재를 부르고 싶습니다.[15]

오늘날 일본에서 DPRK의 핵실험을 두고 "무릎을 치며 쾌재를 부르"는 일은 거의 불가능하다. 즉 다케우치가 밝혔던 "좀더 깊은 심리적 동기"를 옹호하는 태도는 좀처럼 등장하지 않을 것이다. 왜 그렇게 되었을까? 여러 가지 이유가 있겠지만, 우선 다케우치의 이론구조에 주의를 기울이고 싶다.

다케우치는 (지금 보면 잘못된 방법이지만) 일찍이 중국 민중들이 일로전쟁의 승리로 "굴욕을 되갚아 준" 일본에 공감을 표한 과거의 맥락을 가져와, 이번 중국 핵실험에 깔려 있는 "깊은 심리적 동기"를 일본인에게 이해시키고자 한 셈이다. 여기에는 중국의 입장에 과거 일본의 입장을 전이하는 사상적 작업이 진행되고 있다. 이러한 사상적 작업은 일찍이 중일전쟁이 한창이던 시기, 중국이 힘없는 나라였던 시절 루쉰에게 다케우치가 자신을 전이한 것과 같은 형태라는 견해도 성립

---

15) 竹內好, 「周作人から核實驗まで」, 『竹內好全集』 第十一卷, 295~297쪽. — 지은이

할 수 있으리라.

　전이라는 다케우치의 방식은 제3세계주의에서 중요한 사상자원의 하나로 간주되기도 하지만 문제는 더 복잡하다. 조선으로서는 일로전쟁이야말로 일본에 병합되는 운명으로 빨려 들어간 일대 기점이었기 때문이다. 위의 글에는 나와 있지 않지만, 다케우치는 훗날 다른 지면에서 쑨원의 말을 인용하면서, 중국 민중의 긍정적인 반응과 이후 조선반도의 가혹한 운명을 동시에 보지 않으면 안 된다고 말했다.[16] 여기서 주의해야 할 것은, 중국 민중과 조선 민중들이 지리적으로 인접해 있음에도 불구하고 일로전쟁에 대해서는 거의 상반되는 관점을 취하게 된 역사적·지정학적 맥락이다.

　길게 보면 중국과 조선 그리고 일본은 거의 반세기마다 다른 틀 속에 놓여 있었다고 할 수 있다. 먼저 19세기 후반 일본은 메이지유신을 통해 서양열강에 대한 방위라는 틀에서 천황을 정점으로 하는 특이한 중앙집권체제를 가공할 속도로 확립했고, 이후 서양 열강과의 불평등 조약의 극복이라는 염원을 이뤄 나갔다. 그사이 중국(청국)은 열강에 의해 반식민지로 전락했으며, 조선은 청국과 일본 사이에서 세력투쟁의 장이 되는 고통을 맛보게 되었다. 그리고 세기의 교차점에서 제국주의로 전환한 일본이 조선을 점령했고, 중국에서는 혁명이 진전되고 있었음에도 만주사변의 발발로 인해 서서히 일본과의 전면전이라는 위기국면으로 빠져들고 있었다. 바로 이 시기에 중국과 일본의 '국운'은 엇갈렸다고 할 수 있다. 한편, 이 시점부터 조선은 일본 제국으

---

16) 竹內好, 「明治維新の中國革命」, 『竹內好全集』 第五卷, 161~167쪽 참조. ─지은이

로 편입되어 중국과의 적대관계를 강요받았지만, 중일전쟁에서 태평양전쟁에 이르는 최종 국면에서 일본이 패배함으로 인해 돌연 독립의 전망을 보게 되었다. 그러나 조선은 완전한 독립을 이루지 못한 채 분단되었고 또 중국은 내전 과정에서 '대만 해방'을 완수하지 못한 채 한국전쟁을 맞음으로써, 결국 각자 냉전의 강력한 자장 안으로 빨려 들어간 것이다.

이처럼 일본, 중국, 조선이 지난 150년 동안 걸어온 길을 살펴볼 때 일관되는 점은, 그들 사이에 이항관계만으로는 풀어 낼 수 없는 역사적·지정학적 맥락이 있다는 사실이다. 이를 테면, 메이지유신 이후 체결된 일청수호조규(1871)[17]로 당시 청조의 조공국이던 조선이 결과적으로 일본의 하위로 격하되었고, 다시 강화도사건(1875) 후 강화도조약(1876)을 거치며 일조 간에 불평등관계가 고착화되는데, 이런 과정이 가장 상징적이지 않을까? 그러나 20세기에는 이러한 3항의 관계 위에 미국(미일군사동맹)의 존재와 '핵'이라는 함수가 더해진다.

바로 이 20세기 후반을 규정하는 냉전구조로 돌입하는 최정점에 한국전쟁이 있었으며, 또한 그때 중국 인민지원군의 참전이 없었더라면 아마 원폭 사용은 검토되지 않았을 것이다. 그리고 거듭 말하지만 한국전쟁에서 의식된 '핵' 공포가 그후 소련과의 대립에 의해 중국의 핵실험을 초래했으며, 다시 오늘날 DPRK의 핵실험에 이르게 되었다.

---

17) 1871년 7월 청나라와 일본 사이 최초로 체결된 조약. 청나라의 리훙장(李鴻章)과 일본의 다테 무네나리(伊達宗城)가 전권대사로서 톈진에서 조인했다. 쌍방이 최혜국 대우는 인정하지 않되, 영사재판권을 서로 인정하여 양국민의 분쟁 시 양국의 협의 아래 재판하며, 관세율도 상호협정을 통해 시행할 것을 규정한 대등한 조약이었다.

여기서 히로시마·나가사키와 조선반도를 연결하는 보이지 않는 역사의 얼개를 하나만 더 지적하고 싶다. 이는 히로시마 평화기념자료관에 강조되어 있는 것으로, 종전 후(1947년) 미국은 원폭투하가 인체에 어떤 영향을 미치는지 조사하기 위해 히로시마와 나가사키에 '원폭장애조사위원회'(ABCC)를 설치했다. 전시 패널에는 ABCC가 조사나 연구만 할 뿐 치료는 하지 않아 시민들의 반발을 사고 있다는 내용이 기록되어 있었다. 문제는 그런 조사를 통해 집적된 기초자료가 가지는 보이지 않는 효용이다. 실증적으로 확인할 수는 없지만, 이 기초자료들이 그다음 핵무기 사용을 검토하는 데 얼마간 판단의 재료가 되었음에는 의심의 여지가 없다. 말하자면 한국전쟁에서 핵무기 사용에 관한 검토 말이다. 그런 의미에서도 히로시마와 나가사키의 희생은 동아시아 역사 속에 등록되어야 한다.

4. '핵'과 국가

DPRK이 핵실험을 벌인 지 18일째인 10월 26일, UN총회 제1위원회에서는 일본정부의 주도로 제출된 핵군축 결의안「핵무기의 전면적 근절에 대한 새로운 결의」가 찬성 169, 반대 3, 기권 8로 채택되었다. 반대 입장을 표명한 나라는 미국, 독일, DPRK. 기권한 나라는 중국, 이스라엘, 이란, 이집트, 쿠바, 파키스탄, 부탄, 미얀마였다. 우선 미국과 DPRK이 나란히 한편이 된 이 조합에는 실로 아이러니컬한 분위기가 감돈다. 이스라엘과 이란이 함께 기권팀에 속한 것도 어쨌거나 역설적이다. 미국으로서는 결의안에 담겨진 바 포괄적핵실험금지조약

(CTBT)에 대한 서명 및 비준촉진안이 애로사항이었고, DPRK은 이 결의안에 DPRK이 시행한 핵실험을 비난하는 내용이 들어 있다 하여 반대했다.

곰곰이 생각해 보면 반대 그룹과 기권 그룹이 내놓은 이야기는 각자 다르긴 해도 이해하긴 쉽다. 그러나 일본정부의 '핵군축에 대한 염원'을 액면 그대로 받아들인다 하더라도, 현재의 핵군축안에는 분명 심각한 한계가 들어 있다. 핵군축이라는 이념은 지금 가장 중요한 국면에 있다. 여기서 물어야 할 것은 이런 딜레마가 대체 어디에서 연유하는가이다.

이 물음과 관련하여 9·11 이후 미국 군사행동이 보여 준 패턴을 해부해 보자. 부시 정권은 스스로 "악당 국가"(rogue state), "악의 축"(an axis of evil)과 같은 국가군을 발명했지만, 실제로 군사행동을 결정하는 기준을 정할 때는 그들 국가군이 '알카에다' 같은 하위 그룹과 연관되어 있다는 공포가 크게 작용했음을 환기하고 싶다. 이번 DPRK의 핵실험 이후 미국이 내보인 대응에서는 그 배후에 중국이 존재하고 있다는 대전제가 있겠지만, 어찌되었건 일본만큼 과격한 태도는 보이지 않았다. 미국이 갖는 공포의 핵심은 '핵'이 국가에 의해 올바르게 소유되는가라는 기준에 있는 것 같다. 미국이 인도의 핵보유를 '승인'한 것도 그 방증일 것이다. 따라서 이른바 실사(臨檢)라는 것도 그 의도와는 정반대의 의미를 지닌다. 미국이 정말로 두려워하는 것은 핵이 DPRK의 통제를 벗어나 외부로 유출되는 상황이며, 이것은 일본정부가 의도하는 바깥으로부터의 경제봉쇄와는 아무 관계가 없다.

이른바 소련 붕괴 이전의 냉전구도에서는 강대국의 핵관리를 전제로 하는 '핵 포로' 이론 혹은 '핵억지론'이 성립했다. 그러나 그러한 상황은 분명 위기를 맞이하고 있다. 앞서 일본이 제출한 결의안에 반대나 기권표를 던졌던 대부분이 과거 제3세계 국가들이었다는 사실은 이런 일련의 현상을 해석하는 데 참조가 된다. 다시 말해, '핵' 보유를 둘러싼 논리구조는 일찍이 냉전시기 이항대립을 전제한 안정구조로부터 점차 중국을 필두로 하는 제3세계 국가군 쪽으로 하강하고 있으며 (그 중간에 쿠바위기가 있었다), 종국에는 국가 하위 그룹, 즉 들뢰즈와 가타리가 말하는 '전쟁기계'(war machine) 내지 다중(multitude)으로까지 내려갈 것이다. 뒤집어 생각해 보건대 국가 하위 그룹 혹은 개인이 '핵'을 보유하게 된다면, 그때는 아마도 '핵' 보유의 의미 자체가 증발하고 말 것이다(이 경우 타격을 입는 것은 분명 미국이다). 왜냐하면 '핵'이 세계 각지에 흩어져, 보유하는 것과 보유하지 않는 것 사이의 구분이 사라지기 때문이다. 즉 '핵'이 국가의 소유를 넘어서면 '소유'라는 개념 자체가 불필요해질지 모른다.

그러나 사실 국가 하위 그룹이나 개인들에게 '핵' 관련 기술이나 정보, 인재, 소규모의 물자 운반 등은 가능하겠지만, 그들이 핵을 개발하거나 보유하는 것은 이론상 불가능에 가깝다. 9·11 때 자살폭탄테러범이 지닌 무기가 칼 한 자루였다는 데서도 알 수 있듯이, 국가 하위 그룹이나 개인이 '핵'에 준하는 대량살상무기를 보유하거나 사용할 가능성은 매우 낮다. 다만 그러한 국가 하위 그룹들이 어떤 비틀린 '모방'을 통해 반격을 가했다는 것은 분명하다. 걸프전에서 (미국이) 사용한 자동유도미사일이 인간유도미사일로 변해 미국으로 날아온 것이다. 거기서 미국 스스로가 벌인 행동의 뒤집힌 그림자가 보인다. 그런 의미에서 9·11은 일종의 자기파괴의 시작이었다.

'핵보유'라는 개념이 의미를 잃기까지는 어찌되었든 상당한 시간이 걸릴 것이다. 어쩌면 '핵보유'가 의미를 상실하는 데 걸리는 시간과 다음 '핵' 참사가 발생하는 데 걸리는 시간이 상호 경쟁하는 상태로 금세기가 흘러가지 않을까? 그러나 그 시간은 결코 무료하지 않을 것이다. 이 대목에서 우리는 일본인(특히 지식인)이 '핵' 문제를 정치적 대상으로 의식하기 시작했던 것은 미·소의 핵보유 시기가 아니라 핵이 제3세계로 확산된 시기, 즉 1960년대였음을 상기할 필요가 있으리라.

이와 관련하여 1962년 쿠바위기가 일단락된 직후에 진행된 후지타 쇼조(藤田省三)[18]와 다니가와 간의 대담은 시사적이다. 대담에 앞서 후지타는 「광기로부터의 해방—쿠바 봉쇄에서 생각한다」라는 논문을 발표한 바 있다.[19] 당시 일본 대중매체가 영국 등 선진 핵보유국의 입장에 동조하는 기만성을 지적한 그는 소련의 태도에 기대를 건다는 입장을 내비쳤다(그런 의미에서 오늘날 핵무장을 주장하는 자민당 젊은 그룹이 일본을 제2의 영국으로 위치짓고 있다는 사실은 흥미롭다). 반면 핵보유 관념 자체를 비판했던 다니가와는 국가에 의한 핵보유라는 콘텍스트 전체를 뒤흔들고자 했다.

---

18) 에히메(愛媛)현 출생. 사상가. 도쿄대학 법학부에 진학하여 마루야마 마사오의 문하에서 정치사상사를 공부했다. '천황제국가의 지배원리'를 지양하기 위해 현대문명에 대한 심층적인 비판으로 사상적 지평을 넓혀갔다. 주요 저작으로는 『천황제국가의 지배원리』(天皇制國家の支配原理), 『전체주의의 시대경험』(全體主義の時代經驗) 등이 있다.
19) 藤田省三, 「狂氣からの解放-キューバ封鎖に想う」, 『現代史斷章(藤田著作集3)』, みすず書房, 1997, 172~187쪽.—지은이

후지타 쿠바 문제와 관련해 저는 흐루시초프의 태도에 대한 일반적 반응에 일정 정도 반대의견을 냈던 것입니다. 전통적 국제사회의 혁명적 변화·민주화라는 것이 있다면, 기껏해야 **이번 문제에 관해** 소련이 보여 준 방침 같은 모습 아닐까요? 아니 그보다 귀족적 의무에 가까운 책임과 여유가 이제 국제사회에서는 혁명적인 것이라고 생각합니다. 그걸 가지고 흐루시초프가 허리를 굽혔다는 식으로 말해서는 ……

다니가와 후지타 씨가 말하는 흐루시초프 평가는 조금 이해하기 힘들군요. 저는 소련이 로켓을 쿠바로 가져가서 설치했을 때, 그때 그 로켓은 이미 쿠바 것에 가깝다고 생각했어요. 그것을 다시 내 것이라며 가져오다니, 이해가 안 됩니다.

(중략)

후지타 하지만 미사일에 대한 소유권은 모든 소유권 중에서도 가장 신중해야 할 것으로서 쿠바가 자기 것이라고 말한다면 이상하죠. 미사일은 인간에게 필요한 소유물이 아닙니다.

다니가와 그렇지 않습니다. 쿠바에 완전한 소유권이 있다는 게 아닙니다. 소련에 완전한 소유권이 없듯이 쿠바에도 없습니다. 전일적인 소유권자가 없다는 상태는 사물의 진실된 존재방식이죠. 누구나 전일적으로 소유하고 싶어 하는 살인무기는 귀중한 존재이며, 국제적 역학관계를 뿌리째 뒤바꿀 만큼의 의미를 갖고 있습니다. 그것을 간단히 원래의 소유관계로 환원하는 것은 옳지 않을뿐더러, 자본주의적 소유관념을 뒤흔들 절호의 기회를 놓친 것이라 할 수 있습니다.[20]

물론 여기에 동아시아의 현황에 교훈이 될 직접적인 지견이 있는 것은 아니다. '핵'을 보유한다는 것이 품고 있는 원리적 임계점이 드러나 있을 뿐이다. 한 가지 확인되는 맥락은, 이 대담이 바로 '핵'이 동서냉전의 관리라는 틀로부터 이탈하는 순간을 기록하고 있다는 점이다. 그리고 실제 쿠바위기로부터 2년 후, 중국은 그것을 완수했다. '핵'이 제3세계로 하강한 사건은 단지 제1세계(혹은 반半 제1세계)에 살고 있는 지식인이 상상하던 아름다운 제3세계의 이미지를 여지없이 파괴하는 데 그치지 않았다. 보다 중요한 것은 제3세계(중국)가 '핵'을 보유함에 따라 적어도 종래의 냉전구조를 붕괴하는 단서가 발생했다는 사실이다. 그때부터 미국은 오히려 중국과의 교섭을 본격적으로 모색하기 시작했으며, 그것이 1972년 닉슨의 베이징 방문으로 이어졌다. 덧붙이자면 오늘날 DPRK은 분명히 지난날 미중관계의 변화 과정을 자신의 생존을 위한 참조축으로 삼았다고 할 수 있다.

한편, 소련 붕괴 이후 동아시아에서 '핵'은 중국의 소유와 일본을 매개로 하는 미국의 소유가 '공존'함으로써 그 기본틀이 가동되고 있다. 그러나 오늘날 DPRK의 핵보유가 현실화되면서 거부할 수 없는 변화가 발생하게 되었다. 물론 우리는 이성적 입장에서 모든 국가의 '핵'보유를 반대하고, 그것을 근절하기 위해 구체적인 노력을 기울여야 한

---

20) 谷川雁·藤田省三, 「默示錄の響き」, 『思想の科學』 1963년 1월호. 이후 후지타 쇼조는 「'프롤레타리아 민주주의'의 원형—레닌의 사상구조」를 발표한다. 여기서 후지타는 서구 자본주의 국가가 채택한 의회민주주의의 대극에 놓여 있는 혁명독재 형식을 하나의 전통으로 정착시키려 했다. 후지타가 강조한 것은 혁명독재가 품고 있던 정치적 결단에 관한 긴장감이 정치적 민주주의의 지속적인 발전을 촉진하는 구도였다는 것이다. 이러한 후지타의 발상에는 쿠바위기라는 역사적 사건이 잔상으로 깔려 있었을 것이다.—지은이

다. 다만 그런 노력과 병행하여 '핵'을 소유한다는 것의 의미가 증발하는 세계사적 전망이 앞으로 어떻게 눈앞에 나타날지, 특히 동아시아에서 어떠한 연쇄 과정으로 드러날지, 그 최정점을 장악할 이론적인 작업도 게을리 해서는 안 되겠다.

여기서 중요한 것은 한국전쟁으로 완성된 기존의 국가지도를 넘어서는 상상력을 어떻게 만들어 가는가이다. 이번 DPRK의 핵실험, 거슬러 올라가 중국의 핵보유 역시 단지 개별국가만의 문제가 아니라, 한국전쟁에서 비롯되어 동아시아 전체의 지도 속으로 강제된 역사적 경위를 내포하고 있기 때문이다. 동아시아에서 '핵'은 우리가 알고 있는 동아시아의 지도가 그렇듯, 그렇게 되도록 내몰리고 거기에 국가의 결단이 더해진 결과였다. 그것은 고도의 정치적 결단이었기 때문에, 뒤집어 말하면 주어를 포기한다는 확고한 결단도 있을 수 있으리라. 어떤 의미에서, 소유한다는 것을 마치 자연적 권리인 양 여겨왔던 선진국 국가군과 우리가 다른 조건에 있다는 사실, 바로 그 점을 주목해야 하지 않을까?

그 지점에서, 원폭 투하를 경험한 이 섬나라의 역량에 대해서도 되묻게 된다. 일본이 겪은 유산을 어떻게 동아시아로 확대할 것인가. 시련의 시간이 한참 더 이어질 것이다. 다만 여기서 우리는 중국과 DPRK이 부득이하게 '핵'을 보유해야 했던 역사적·지정학적 맥락으로 몇 번이고 되돌아와 그 의미를 길어올려야 한다. 반복하지만, 그것은 일본에 원폭이 투하된 이후 두번째 원폭투하(정확히는 세번째)가 동아시아에서 검토되었으며, 그 사용이 (영국의 강한 저지에 의해) 중지되었다는 것, (또한 그와 동시에 지금의 동아시아 지도가 고정되었다는 것) 그것의 역사적 경위를 환기하는 일이다. 우리는 이 원폭 사용의 중지가 동아시아 외부의 타율적 판단에 따른 것이었다는 사실을 기억하지 않으면 안 된다. 동아시아의 두번째 핵폭발, 그리고 제2차 한국전쟁을 막아내는 힘을 동아시아의 손 안으로 되찾아 오는 것, 그것이 우리가 현재 당면한 과제다.

이 길밖에 없는 동아시아에서 핵의 근절은 한국전쟁의 종전, 즉 동아시아에서 한국전쟁의 전후처리를 완결하는 순간에 이루어질 것이다. 사실, DPRK의 핵실험에서 비롯된 우리의 고뇌는 그 고뇌의 발원지인 한국전쟁이라는 시공간으로 귀환할 것을 우리에게 요청하고 있다. 다시 말해, 동아시아에 살고 있는 우리들이 한국전쟁이라는 동아시아의 '귀'(鬼)의 시공간으로 '돌아가'(歸) 보는 것이 필요하다.

그 일환으로서 일본은 '우리 한국전쟁'이라는 과제에 직면하지 않으면 안 된다. 물론 그것은 '냉전'에 가담하고 한국전쟁의 병참기지와 무기고 역할을 맡아 그 거래 과정에서 '독립'을 감지덕지하며 받아먹은 전후 일본의 부끄러운 '태생'을 자각하는 과정이 아닐까. 그렇다면 '우리 한국전쟁'을 처리하는 과정은 또한 '우리 대동아전쟁'과도 필연적으로 연동될 것이다.

후기

1990년부터 3년간 나는 일본의 상식이나 언어 그리고 인간관계로부터 떨어져, 근대 일본의 발자취가 너무도 또렷이 남아 있는 땅, 대만에서 일본어 교사로 지낸 적이 있다. 그 경험은 내가 아시아라는 폭 안에서 사물을 생각하는 계기가 되었다. 몇 년 전 대만을 주제로 어떤 출판사에서 책을 낼 기회가 있었는데, 그 원고를 쓰면서 일본과 대만 두 나라를 엮는 것만으로는 한계가 있음을 통감했다. 물론 일본인인 내가 대만을 안다는 것은 일본의 식민지배(와 그후)를 사고하는 것으로 집약된다. 그러나 대만의 근현대사를 열고 그 안을 들여다보니 그것은 중국의 현대사와는 보완관계에 있었고 조선반도의 식민지배 및 냉전체제와는 공시성을, 나아가 오키나와와는 인접성을 지니고 있었다. 즉 대만을 통해서, 나는 동아시아라는 참조축의 필요성을 인식하게 된 것이다.

그후 1995년부터 1996년까지 2년간 미크로네시아(Micronesia) 연방의 얍(Yap) 섬에서도 일본어를 가르친 적이 있다. 나는 그곳에서도 과거 일본의 식민지배 흔적과 만나야 했다. 동시에 미국의 간접통치라는 현실을 눈앞에서 접하게 되었다. 얍 섬은 1차세계대전이 끝났을 때 전승국인 일본이 독일로부터 할양 받은 땅이었다. 얍 섬의 식민통치 역사는 스페인, 독일, 일본 그리고 미국으로 이어지는데, 마치 전 세계 식민지 유형을 모두 집약해 놓은 듯했다. 섬에는 여러 종류의 교회들이 늘어서 있었고, 관광용인지 일본 신사(神社)의 도리이(鳥居)[1] 도 남아 있었다. 그리고 격렬한 냉전시대의 잔해인, 오키나와에서도 본 적 있는 크림색 미군시설이 눈에 들어왔다. 얍 섬의 주요 산업인 어업은 이렇게 이뤄진다. 즉 중국 어선이 잡아온 참치를 대만인이 사들이고 그것을 얍 섬 사람들이 가공하면 그것이 일본 쓰키지(築地)[2]로 수송된다. 나에게 얍 섬에서의 경험은 세계 식민지배의 역사와 현재를 응축하여 추체험할 수 있는 계기였다.

당초에는 내가 '리저널리즘'을 주제로 책을 쓸 것이라 생각지 못했다. 편집자인 사카모토(坂本)씨가 나의 문제의식을 이야기로 풀어내면 된다고 하길래, 어떻게든 써 보자는 마음을 먹게 된 것이다. 이 주제로 무언가를 쓴다면, 내가 일본을 떠나 떠돌아다닌 경험을 토대로 삼을 수밖에 없다는 생각이 들었다(구체적으로 담지는 못했지만). 이제야 드는 생각이지만 내 지식과 사고에는 무언가 아직도 결여된 것이 있다. 그후 얍 섬에는 가 보지 못했지만 대만에는 몇 차례 갈 기회가 있었다. 몇 년 전에 겪은 한 가지 에피소드로 후기를 접고자 한다.

2001년 대만의 K시를 방문했을 때의 일이다. 거기서 나는 여든에

---

1) 일본 신사에서 신역(神域)과 속계(俗界)를 구분하는 경계로서, 신역으로 들어가는 입구를 표시하는 일종의 문.
2) 도쿄 주오구(中央區)의 지명. 일본 수산업의 대명사라 할 쓰키지시장이 있다.

가까운 한 여인을 만났다. Y씨라고 해두자. 커뮤니티에서 노인복지활동을 하는 대만 친구 F교수가 홀로 생활하는 Y씨의 말상대 노릇을 했던 게 계기가 되었다. Y씨를 처음으로 만난 것은 F교수의 차로 드라이브를 나갔던 때였다. 처음에 Y씨는 우리와 표준 중국어로 이야기를 나누었다. 그래서 나는 대만어를 쓰지 않는 Y씨가 필시 외성인(外省人 ; 1945년 이후 대륙에서 온 대만 주민)이겠거니 짐작했다. 그러나 드라이브를 하는 동안 내가 일본인임을 알게 된 Y씨는 내게 일본어로 말을 걸어 왔다. 일본어를 구사하는 80대라면 그녀는 일본어 교육을 받은 세대의 대만인일 터. 그렇다면 그녀는 왜 F교수와 대만어로 말하지 않을까?

Y씨는 실은 일본인이었다. 기타규슈(北九州) 출신으로 우리에게 야와타(八幡) 제철소의 노래를 불러 주었다. 그렇다면 Y씨는 일본 식민지 통치 시대에 대만에 왔는가 했는데 그렇지도 않았다. 그녀가 대만에 온 것은 1949년이었다. 그것도 충칭(重慶)에서. 시대를 조금 더 거슬러 올라가 보자. 전전에 Y씨는 도쿄의 어느 훈련소에서 중국어와 러시아어를 배우고는 구(舊)만주로 파견되었다. 거기서 패전을 맞은 그녀는 중국 측(국민당)에 구속되어 충칭으로 이송되었다. 그리고 내전에서 국민당이 패배하자 남편인 국민당원 군인과 우여곡절 끝에 대만에 도착하여 중국인으로서 교사로 일하며 살았던 것이다.

그녀의 이러한 인생을, 더구나 같은 일본인으로서 어떻게 받아들여야 할까? 솔직히 어찌할 바를 몰랐다. 또한 대만인 혹은 대륙의 중국인은 그녀의 존재를 어떻게 받아들일까? 온갖 상념이 들끓기 시작했다. 드라이브 도중 어느 박물관에 들렀다. Y씨는 또다른 내 친구와

일본어로 대화를 주고받고 있었다. 그때 일본어 교육을 받은 세대로 보이는 대만 남자가 다가와서는, 일본어로 "아나타와 니혼진데쓰까(あなたは日本人ですか, 당신은 일본인입니까)?"라고 물었다. Y씨는 (표준 중국어로) 이렇게 답했다. "워 스 르번런(我是日本人, 저는 일본인입니다)." 그녀가 짊어진 온갖 모순이 한 순간에 표출되자 나는 일순 머리가 아찔해졌다. 말하자면 그녀는 **빌려 온 신분**으로 살아 온 것이다. 그녀의 신체에 내린 저주는 동아시아에서 일본제국의 패배와 국공내전 그리고 대만의 독재체제 등 몇 겹으로 중첩된 폭력-지층의 결점점일 터이다. 그녀는 어디로도 '귀환'하지 못한 채 동아시아의 냉전체제 속을 배회하고 있었다.

아마 이런 이야기는 무수하게 많을 것이다. 그리고 그녀가 자신의 이야기를 제대로 정리된 수기로 써 낼 가능성은 거의 없을 성싶다. 말하자면 그녀의 인생은 이대로 공백이 되어 버리는 것이다. 내가 무언가를 연구한다면 그것은 아마도 이런 공백을 끊임없이 의식하는 일이리라.

지금껏 내 연구생활, 집필생활을 돌보아 주신 분들, 항상 나의 목표이자 자극이 되는 분들의 이름을 적어 감사의 뜻을 전하고 싶다. 마쓰나가 마사요시(松永正義) 씨, 사카모토 히로코(坂本ひろ子) 씨, 우카이 사토시(鵜飼哲) 씨, 이정화 씨, 쑨거(孫歌) 씨, 천광싱(陳光興) 씨, 백영서 씨, 백원담 씨, 강상중 씨, 이와사키 미노루(岩崎稔) 씨, 나카노 토시오(中野敏男) 씨, 고마고메 다케시(駒込武) 씨, 야카비 오사무(屋嘉比収) 씨, 서경식 씨, 다카하시 데쓰야(高橋哲哉) 씨, 모토하시 데쓰야(本橋哲也) 씨, 요모타 이누히코(四方田犬彦) 씨, 나카자토 이사오(仲里効)

씨, 오오타 마사쿠니(太田昌國) 씨, 모리 요시타카(毛利嘉孝) 씨, 사키야마 마사키(崎山政毅) 씨, 도미야마 이치로(冨山一郎) 씨, 히가시 다쿠마(東琢磨) 씨, 하야오 타카노리(早尾貴紀) 씨, 규쿄쿠 Q타로(究極Q太郎) 씨, 페페 하세가와(ぺぺ長谷川) 씨, 스가 히데미(絓秀美) 씨, 히라이 겐(平井玄) 씨, 니시 마사히코(西成彦) 씨, 호소미 가즈유키(細見和之) 씨, 무토 이치요(武藤一羊) 씨, 구리하라 유키오(栗原幸生) 씨. 또 이름을 일일이 적지는 못하지만 '다케우치요시미연구회'의 모든 분들 그리고 일찍이 신세를 졌던 가쿠슈인(學習院)대학 동양문화연구소 및 메이지(明治)대학 정치경제학부의 동료들에게 고마움을 표한다.

    마지막으로 이 책의 편집을 맡아 주신 사카모토 마사노리(坂本政謙) 씨에게 감사드린다.

참고문헌

金子勝·藤原帰一·山口二郎 編. 『東アジアで生きよう!』. 岩波書店, 2003.
川勝平太. 『海から見た歴史(ブローデル『地中海』を読む)』. 藤原書店, 1996.
_____. 『文明の海洋史観』. 中央公論社, 1997.
河野收. 『日本地政学―環太平洋地域生道』. 原書房, 1983.
菅孝行. 『竹內好論―亞細亞への反歌』. 三一書房, 1976.
姜尙中. 『東北アジア共同の家をめざして』. 平凡社, 2001.
駒込武. 『植民地帝國日本の文化統合』. 岩波書店, 1996. 〔오성철 외 옮김, 『식민지제
　　국 일본의 문화통합』. 역사비평사, 2008.〕
子安宣邦. 『'アジア'はどう語られてきたか』. 藤原書店, 2003.
兒島襄. 『東京裁判』(下). 中公新書, 1971.
木山英雄. 『週作人「對日協力者」の顚末』. 岩波書店, 2004.
金石範. 『転向と親日派』. 岩波書店, 1993.
夏目漱石. 「滿韓ところどころ」. 『朝日新聞』. 1909年 10月~12月.
谷川雁. 「朝鮮よ, 九州の共犯者よ」. 1965.
_____. 『谷川雁の仕事』(全二冊). 河出書房新社, 1996.
谷川雁·藤田省三. 「默示錄の響き」. 『思想の科學』. 1963年 1月.
太宰治. 『惜別』. 朝日新聞社, 1945.

武田泰淳.『蝮のすゑ』. 1947.

武田淸子 編.『思想史の方法と對象』. 創文社, 1961.〔고재석 옮김,『사상사의 방법과 대상』. 소화, 1997.〕

竹內好.「北京日記」. 1938年 9月 29日(『竹內好全集』第14卷. 筑摩書房, 1981).

_____.「佐藤春夫先生と北京」.『文學通信』第8號(ぐろりあそさえて刊) 1942年 2月(『竹內好全集』第14卷. 筑摩書房, 1981).

_____.「伊澤修二のこと」.『中國文學』第83號. 1942年 9月(『竹內好全集』第14卷. 筑摩書房, 1981).

_____.「大東亞文學者大會について」.『中國文學』第89號. 1942年 11月(『竹內好全集』第14卷. 筑摩書房, 1981).

_____.「『中國文學』の廢刊と私」.『中國文學』第92號. 1943年 3月(『竹內好全集』第14卷. 筑摩書房, 1981).

_____.『魯迅』. 日本評論社, 1944(『竹內好全集』第1卷. 1980).〔서광덕 옮김,『루쉰』. 문학과지성사, 2003.〕

_____.「中国の近代と日本の近代」.『東洋文化講座』第3卷. 白日書院, 1948.

_____.「屈辱の事件」.『世界』. 1953年 8月(『竹內好全集』第13卷. 1981).

_____.「近代の超克」.『近代日本思想史講座』第7卷. 筑摩書房, 1959.

_____.「戰爭責任について」.『現代の発見』第3卷. 春秋社, 1960.

_____.「戰争体験論雜感」.『思想の 科学』. 1960年 1月.

_____.「日中関係のゆくえ」.『中央公論』. 1960年 3月.

_____.「戰争体験一般化について」.『文学』. 1961年 12月.

_____.「アジア主義の展望」.『アジア主義』. 筑摩書房, 1963.

_____.「戰争体験 雜感」.『思想の 科学』. 1964年 8月.

_____.「明治維新の中國革命」.『竹內好全集』第5卷. 1981.

_____.「周作人から核實驗まで」.『竹內好全集』第14卷. 筑摩書房, 1981.

_____.「中國の近代と日本の近代」.『日本とアジア』. ちくま学藝文庫, 1993.

冨山一郎.『戰場の記憶』. 日本經濟評論社, 1995.〔임성모 옮김,『전장의 기억』. 이

산, 2002.〕

林書楊·藍博洲 編.『從二·二八到五十年代白色恐怖』. 時報文化出版, 1992.

丸山眞男.「超國家主義の論理と心理」. 1946(『增補版 現代政治の思想と行動』. 未來社. 1964).〔김석근 옮김,『현대정치의 사상과 행동』. 한길사, 1997.〕

_____.「日本におけるナショナリズム」. 1951(『增補版 現代政治の思想と行動』. 未來社. 1964).

_____.『『文明論之槪略』を読む』(全三冊). 岩波新書, 1986.〔김석근 옮김,『문명론의 개략을 읽는다』. 문학동네, 2007.〕

松本健一.『竹內好論―革命と沈默』. 第三文明社, 1975.

_____.『死語の戯れ』. 筑摩書房, 1985.

森達也 編.『送還日記』. リトルモア, 2006.

村上龍.『五分後の世界』. 幻冬舎, 1994.

三谷太一郎 外編著.『近代日本と植民地 8―アジアの冷戰と脫植民地化』. 岩波書店, 1993.

徐京植.『半難民の位置から』. 影書房, 2002.

蘇新.『未歸的臺共鬪魂―蘇新自傳與文集』. 時報文化出版, 1993.

孫歌.『アジアを語ることのジレンマ』. 岩波書店, 2002.

鶴見俊輔.「竹內好―ある方法の伝記」.『鶴見俊輔集 續4』. 筑摩書房, 2001.

筒田淸忠 編.『昭和ナショナリズムの諸相』. 名古屋大學出版会, 1994.

安部公房.『終りし道の標べに』. 1947.

_____.『けものたちは故郷をめざす』. 1957.

芥川龍之介.『支那遊記』. 1921~1925(『芥川龍之介全集 8』. 筑摩書房, 1989).

山室信一.『思想課題としてのアジア』. 岩波書店, 2002.

大岡昇平.『俘虜記』. 創元社, 1948.

尾崎秀樹.『近代文学の傷痕』. 同時代ライブラリー, 1991.

尾崎秀實.「'東亞共同体'の理念とその成立の客觀的基礎」.『中央公論』. 1939年 1月.

岡倉天心. *The Ideals of the East.* J. Murray, 1903. 〔浅野晃 訳, 『東洋の理想』. 創元社. 1938.〕

大橋良介. 『京都學派と日本海軍』. PHP新書, 2001.

和田春樹. 『朝鮮戰爭全史』. 岩波書店, 2002.

汪暉. 『死火重溫』. 人民文學出版社, 2000. 〔김택규 옮김, 『죽은 불 다시 살아나』. 삼인, 2005.〕

米山リサ. 「序章」. 『廣島-記憶のポリティクス』. 岩波書店, 2005.

梅棹忠夫. 「文明の生態史觀」. 『中央公論』. 1957年 2月.

石堂淸倫. 『わが異端の昭和史』. 勁草書房, 1986.

市田良彦. 『闘爭の思考』. 平凡社, 1993.

朱建榮. 「第七章 大論爭」. 『毛澤東の朝鮮戰爭』. 岩波書店, 1991.

周作人. 「漢文學的傳統」. 1940年 3月(『藥堂雜文』. 香港勵力出版社, 1943).

_____. 「中國的思想問題」. 『中和月刊』. 1942年 1月.

_____. 「中國文學上的兩種思想」. 1943年 4月(『藥堂雜文』. 香港勵力出版社, 1943).

_____. 「漢文學的前途」. 『文藝』. 1943年 7月.

陳映眞. 「趙南棟」. 『前夜』第一期 八號. 影書房, 2006年 7月.

橋川文三. 「「戰爭体験」 論の意味」. 『現代の発見』第2卷. 春秋社, 1959.

_____. 『增補版 歷史と体驗』. 春秋社, 1968.

_____. 『順逆の思想―脫亞論以後』. 勁草書房, 1973.

林房雄. 『大東亞戰爭肯定論』(『中央公論』). 1963~1965.

何義麟. 『二・二八事件』. 東京大学出版会, 1992.

橫地剛. 『南天の虹』. 藍天文芸出版社, 2001.

藤田省三. 「狂氣からの解放-キューバ封鎖に想う」. 『現代史斷章』(藤田著作集 3). みすず書房, 1997.

福澤諭吉. 「脫亞論」. 『時事新報』. 1985年 3月 16日(慶應義塾 編, 『続福澤全集』第2卷. 岩波書店. 1933).

_____. 『文明論之概略』(1875). 岩波文庫, 1995.

平野正. 『中国民主同盟の研究』. 研文出版, 1983.

_____. 『中国革命と中間路線問題』. 研文出版, 2000.

Althusser, Louis. *Pour Marx*. F. Maspero, 1965. 〔이종영 옮김, 『마르크스를 위하여』. 백의, 1996.〕

Althusser, Louis et al. *Lire "le Capital"*. F. Maspero, 1965. 〔김진엽 옮김, 『자본론을 읽는다』. 두레, 1991.〕

Amin, Samir. *L'eurocentrisme: critique d'une idéologie*. Anthropos, 1988. 〔김용규 옮김, 『유럽중심주의』. 세종출판사, 2000.〕

Braudel, Fernand. *La méditerranée et le monde méditerranéen à l'époque de Philippe II*. Paris Colin, 1949.

Foucault, Michel. *L'archéologie du savoir*. Gallimard, 1969. 〔이정우 옮김, 『지식의 고고학』. 민음사, 2000.〕

Haushofer, Karl Ernst. *Geopolitik des Pazifischen Ozeans*. Vowinckel, 1924.

Hegel, Georg Wilhelm Friedrich. *Vorlesungen über Geschichte der Philosophie*. Duncker und Humblot, 1837.

Negri, Antonio and Michael Hardt. *Empire*. Harvard University Press, 2000. 〔윤수종 옮김, 『제국』. 이학사, 2001.〕

Said, Edward W.. *Orientalism*. Pantheon books, 1978. 〔박홍규 옮김, 『오리엔탈리즘』. 교보문고, 2007.〕

Schmitt, Carl. *Land und Meer*. P. Reclam, 1942.

_____. *Der Nomos der Erde*. Greven, 1950. 〔최재훈 옮김, 『대지의 노모스』. 민음사, 1995.〕

_____. *Theorie des Partisanen*. Duncker und Humblot, 1963. 〔김효전 옮김, 『파르티잔. 그 존재와 의미』. 문학과지성사, 1998.〕

Wallerstein, Immanuel. *Unthinking Social Science: The Limits of Nineteenth

Century Paradigms. Polity Press, 1991. 〔성백용 옮김, 『사회과학으로부터의 탈피 : 19세기 패러다임의 한계』. 창작과비평사, 1994.〕

Carr, Edward H.. *What is history?*. Knopf, 1961. 〔김택현 옮김, 『역사란 무엇인가』. 까치글방, 2007.〕

옮긴이 후기_지역학의 새로운 영토

국민국가(문화)의 경계를 해체하는 연구가 한동안 국내 학계에 유행했던 적이 있다. 냉전체제가 산생한 일국주의적 시스템으로는 우리 삶의 제반 문제들을 설명할 수 없는 상황이 명확해지는 가운데, 반세기 넘게 자명한 것으로 간주되어 온 개념범주들—국민, 국어, 국문학, 국민문화, 국사—이 그 정당성을 의심받기 시작했다. 이런 학문적 경향의 기원을 한번 따져 본다면, 작게는 근년 일본 학계에서 활발한 성과를 낸 국민국가론의 영향이 있겠지만, 더 크게는 기성 권위의 정당성을 부정하는 포스트모더니즘의 전지구적 확산이라는 측면 또한 생각지 않을 수 없다. 이러한 학문적 통찰을 기반으로 냉전 이래 우리의 삶과 사고를 제약해 온 제 개념범주들의 고착 과정을 복원하고 우리의 과거와 현재를 보는 시야를 정비할 수 있었음은 물론이다. 그러나 무엇을 위한 해체인지가 전제되지 않는다면 국민국가론은 네거티브담론을 벗어나지 못한다. 포스트모더니즘이 그 위력에도 불구하고 대안의 부재라는 비판에 대응하지 못하는 상황을 생각할 때, 국민국가론 또한 생산적 담론이 되기 위해서는 해체를 넘어 새로운 재구(再構)를 그 궁극적 도달지점으로 삼아야 한다.

그런 점에서 '지역'(region) 혹은 '지역주의'(regionalism)는 국민국가론이 범하기 쉬운 해체일변도의 경향을 제어하고 새로운 재구축의 기반을 마련하는 중요한 범주이다. 국민국가의 제 관념들이 냉전이 산생한 일국간 체제 속에서 '상상' 되고 '만들어진' 것이라 할 때, 그 상상되고 만들어진 과정을 비판하고 해체하는 행위 또한 일국적 제한를 넘어서야 할 것이다. 국민국가 비판은 결국은 우리의 주체성이 만들어진 과정을 돌아보는 일인데, 그것이 타자라는 참조 없이 자폐적으로 진행된다면 과거의 오류를 진정으로 극복할 수 없다. 주체성을 해체/재구한다는 것, 그것은 우리의 자아정체성을 구성하고 상상해 온 과정에 대한 탐문이자, 동시에 우리가 타자를 규정해 온 역사를 묻는 것이다. 여기서 '지역'은 바로 이 자아와 타자 간의 거리 및 관계에 대한 관념, 감각, 경험들로 형성되는 새로운 영토로서, 주체성에 대한 반성과 재구를 가능케 하는 실천적 장으로 부상한다.

마루카와 데쓰시(丸川哲史)의 『리저널리즘』은 이 주체성에 관한 저작이다. 오늘날의 일본이 어떻게 만들어졌는지를 고구(考究)하는 그의 작업은 근대 이래 일본이 어떻게 주변국과의 관계 속에서 동아시아라는 '지역감각'을 만들어 왔는지를 묻는 방식으로 진행된다. 메이지 시대로부터 냉전시기에 이르기까지 일본은 근대 서구의 담론편제 속에 형성된 공간감각을 기반으로 하여 자신의 지역감각을 형성해 왔으며, 그 과정에서 일본은 이른바 아시아에 대한 '적대성'을 구축해 왔다. 이러한 '적대성'을 기반으로 하여 구축된 근대 일본의 주체성을 철거(deconstruction)하기 위해 그는 마루야마 마사오(丸山眞男)로부터 하시카와 분조(橋川文三), 우메사오 타다오(梅棹忠夫) 등 전후 일본사상을 비판적으로 해체해 나간다. 아시아를 사상(捨象)한 채 서구와의 관계 속에서 일본의 정체성을 수립하려 했던 이들의 한계를 짚어 가는 과정에서, 종국적으로 저자가 목표한 것은 조선 및 중국과의 관계 속에서 전후사상을 수립하고자 했던 일련의 미완의 시도들을 복원해 내는 것이다.

그 중 저자 스스로도 밝히고 있듯이, 중국을 매개로 아시아라는 지역감각을 견인해 내고 그로부터 근대 일본의 주체형성의 방법을 고민했던 다케우치 요시미(竹內好)의 사상실천이 이 책의 주요한 지적 원천이 되고 있음에 주목할 필요가 있다. 전후 일본의 대표적 사상가임에도 불구하고 다케우치는 그 사상실천이 갖는 위험성, 즉 '아시아주의'나 '근대의 초극론' 같은 침략주의의 원류 저변으로 돌진해 들어가 그 속에서 근대 일본의 사상전통을 수립하고자 했던 위험성으로 인해 오랫동안 일본 사회에서 외면받아 온 인물이다. 최근 중국학자 쑨거(孫歌)의 저술을 계기로 일본의 젊은 학자들 사이에서 다케우치를 재독하는 모임이 진행되고 있으며, 이 책 또한 그 성과물 중 하나라 할 수 있다. 이를 테면 『다케우치 요시미라는 물음』(竹內好という問い)에서 쑨거가 어떻게 다케우치를 동아시아 공동의 사상자원으로 복원할 것인가의 문제를 제기한 것에 대해 이 책은 초보적인 단서를 제시하고 있다.

다케우치 사상의 문제성은, 메이지시대 이래 유보되어 온 근대 일본의 '독립'을 사상적으로 완성해 내는 내셔널리즘을 그 핵심으로 하면서 그것의 '방법'을 아시아에서 찾았다는 것, 다시 말해 내셔널리즘이라는 일국주의와 아시아라는 지역주의의 위태로운 공존에 있다. 따라서 다케우치를 복원하기 위해서는 주체형성의 사상적 '방법으로서의 아시아'가 결국 아시아 침략이데올로기의 양대 원류인 대동아공영권사상과 아시아주의를 복권하자는 것으로 귀결되는 아이러니에 어떻게든 맞서지 않으면 안 된다. 여기서 마루카와는 다케우치 사유 안의 내셔널리즘과 아시아의 공존이라는 아포리아를, '아시아라는 폭'에서 주체성을 사유하는 사상실천의 단서로 풀어 나간다. 중일전쟁에서 태평양전쟁으로의 전환을 대(對)아시아전쟁에서 대제국주의전쟁으로의 전환으로 보고 환호했던 다케우치의 사상이력으로부터, 그는 근대 이래 일본이 동아시아에 형성해 온 '적대적' 지역감각에 대한 저항을 간취하려 했던 것이다.

  다케우치의 이율배반에 좀더 육박했더라면 하는 아쉬움에도 불구하고, 이 책은 다케우치의 곤혹으로부터 역으로 동아시아 리저널리즘의 문제를 사유케 하는 길을 열어 냈다는 점에서 우리에게 많은 생각거리를 제공해 준다. 또한, 아시아의 이웃들을 타자화하는 가운데 형성된 근대 일본의 주체성을 해체하는 데서 한 발 더 나아가, 주체성의 범위를 국가 단위로부터 지역 단위로 확장함으로써 주체형성의 새로운 사상방법을 제시했다는 점도 주목할 만하다. 일본 주체성의 재건이라는 일견 일국적으로 보이는 사상과제가 남북한, 중국, 대만 등 인접 국가들을 어떻게 사유하는가라는 '지역적인 감각'과 긴밀한 관계를 맺고 있음을 입증함으로써, 이 책은 '지역연구'의 중요한 모델이 되고 있다. 이런 방법은 비단 일본에만 유효하지 않을 것이다. 한국의 경우에도 중국과 북한에 대한 적대시, 일본에 대한 애증, 대만이나 오키나

와에 대한 무관심 등은 역사적으로 형성된 지역감각 속에서 설명되어
야 할 것들이다.

　　이 책의 번역은 2004년 '연구공간 수유+너머'에서 개최된 작은
국제학술모임을 준비하는 과정에서 비롯되었다. 그 후 바쁜 일상과 게
으름 탓에 오랫동안 묻어 두었던 초고를 책으로 낼 수 있게 된 데는 공
역자 윤여일 씨의 자극과 편집자 박순기 씨의 도움이 컸다. 초벌번역
작업에 함께 참여했던 박동범 씨에게도 이 자리를 빌려 감사의 뜻을
전한다. 한국어판『리저널리즘』에는 일본어판『리저널리즘』외에 세
편의 글을 더했다. 이 책 3부의 「일중전쟁의 문화공간」은『開放時代』
2006년 제1기, 「왕복하는 눈」과 「한국전쟁으로 돌아가라」는 각각『現
代思想』2006년 9월호와 2007년 2월호에 게재된 글임을 밝혀 둔다.
이 책의 1부와 3부의 「왕복하는 눈」, 「한국전쟁으로 돌아가라」는 윤여
일이, 2부와 3부 「일중전쟁의 문화공간」은 백지운이 번역했지만, 공동
으로 교정하는 과정에서 용어와 문장의 통일성을 갖추는 데 만전을 기
했다. 용어 선택에서는 우리말로 다소 생경하더라도 저자의 원뜻을 충
분히 살리는 데 신경을 썼다. 특히 '일중전쟁', '일미안보조약' 처럼 일
본인의 입장에서 쓰는 용어를 굳이 한국식으로 고치지 않았다. 그 외
에도 국가에 관련한 고유명사 번역은 실로 고민스러운 일이었다. 원문
의 '朝鮮戰爭'에 대해서는 적절치 않다는 것을 의식하면서도 별 대안
이 없어 '한국전쟁'으로 번역했다('한국'은 남한만을 지칭하는 말이
기 때문이다). '조선민주주의인민공화국'이나 'DPRK'는, 일본 사회
에서 보편적으로 쓰는 '북조선'을 굳이 사용하지 않은 저자의 의도를
살리기 위해 다소 읽기 불편하더라도 그대로 썼다. 이처럼 번역과정에

서 드러나는 어색함과 불편함들은 우리 자신의 '지역감각'을 그대로 노정하는 것이기도 했다.

저자의 원뜻이 왜곡되거나 충분히 전달되지 못했다면 그것은 전적으로 역자의 몫이다. 독자들의 따가운 질정을 바란다. 다만, 서구적 학문틀이 아닌 동아시아적 시야에서 '지역학' 연구의 가능성을 돌파해 낸 이 책의 성과가 우리 학계에 소중한 참조가 될 수 있다면, 역자로서는 더없이 기쁜 일이다.

2008년 8월

백지운

찾아보기

ㄱ

가와노 오사무(河野收) 91
　『일본지정학―환태평양 지역이 사는 길』 91
가와카쓰 헤이타(川勝平太) 89
　『문명의 해양사관』 89
간토 대지진 68
고노에 아쓰마로(近衞篤麿) 70
고노에 후미마로(近衞文麿) 69
고마고메 다케시(駒込武) 69
　『식민지제국일본의 문화통합』 69
공간인식 19, 61
교토학파 90, 110, 111, 146
9·11사건 185, 186, 187
국가간체제 14, 17, 20
국민국가 18
그람시, 안토니오(Gramsci, Antonio) 139
극동국제군사재판 127, 128, 170
'근대의 초극' 좌담회 113
기시 노부스케(岸信介) 83

기야마 에이유(木山英雄) 131, 136, 145
　『'저우쭤런 대일협력자'의 전말』 131, 136
김동원 149, 151
　『송환』 149, 151

ㄴ

나쓰메 소세키(夏目漱石) 65~67
　「만한 이곳저곳」 66, 67
나카노 시게하루(中野重治) 94
납치 문제 150
내셔널리즘 61, 79, 112
　다케우치 요시미의 ~ 112
　아시아 ~ 78, 112
　일본 ~ 61, 78
냉전 41, 173
　동아시아의 ~ 84~85, 98
냉전구조 7, 13, 80, 81, 85, 183
네그리, 안토니오(Negri, Antonio) 80
　『제국』 80

농지개혁 100
   일본의 ~ 100~101
니시 아마네(西周) 64

ㄷ

다니가와 간(谷川雁) 91, 94, 95, 187
   「조선이여, 규슈의 공범이여」 95
다이혼에이(大本營) 171
다자이 오사무(太宰治) 60
   『석별』 60
다케다 다이준(武田泰淳) 82, 111
   『살무사의 후예』 82
다케우치 요시미(竹內好) 59, 82, 91, 92, 94, 101~104, 108, 113, 115, 118, 129, 119, 133, 139, 140, 146, 179, 181
   「굴욕의 사건」 119
   「근대의 초극」 109, 113, 116
   『루쉰』 60, 111
   '방법으로서의 아시아' 102~104, 106
   베이징에서의 ~ 138~144
   「이사와 슈지에 관해」 141, 146
   「저우쭤런에서 핵실험까지」 179
   「전쟁 책임에 대하여」 92
   「전쟁체험론잡감」 92
   「전쟁체험의 일반화에 관하여」 92
   「'전쟁체험' 잡감」 92
   『중국문학』 145
   중국문학연구회 130, 133, 145
   『중국문학』의 폐간과 나」 145, 146, 147

「중국의 근대와 일본의 근대─루쉰을 매개로 하여」 109, 112, 144
대동아공영권 52, 69, 70, 71, 90, 91
대만관계법 160
대일협력자 126, 129, 134
대항해 시대 32
도조 히데키(東條英機) 70
동문동종(同文同種) 143
동아시아 6, 7, 99
듀이, 존(Dewey, John) 104

ㄹ · ㅁ

러시아혁명 39, 40
레판토 해전 31
루거우차오(蘆溝橋)사건 114
루쉰(魯迅) 59, 138, 139, 181
르네상스 29
리덩후이(李登輝) 153
리저널리즘(regionalism) 5, 13, 17, 18
린뱌오(林彪) 175
마루야마 마사오(丸山眞男) 74, 76, 78, 79, 119
   「일본의 내셔널리즘」 75, 77
   「초국가주의의 논리와 심리」 74, 76
   후쿠자와 유키치 비판 75
마쓰나가 마사요시(松永正義) 110
마쓰모토 겐이치(松本健一) 102
   『사어의 유희』 102
마오쩌둥(毛澤東) 35, 40, 175
   인민전쟁론(人民戰爭論) 35

마틴, 에드윈(Martin, Edwin) 72
만주사변 69
무라카미 류(村上龍) 108
　『오분 후의 세계』 108
문화적 독립 144
민족주의 41

ㅂ · ㅅ

반유대주의 45
반핵평화운동 178, 179
베스트팔렌조약(Peace of Westfalen) 14
브로델, 페르낭(Braudel, Fernand) 20, 22, 23, 24, 30, 31
　세 개의 역사층 20~21
　자본주의의 단계적 발전구도 23~24
　『지중해』 20, 21, 23, 24
비정규성 35, 36
비키니 환초(Bikini Atoll) 178
사이고 다카모리(西鄕隆盛) 63
사이드, 에드워드(Said, Edward W.) 42~46, 48
　『오리엔탈리즘』 42~47
사토 하루오(佐藤春夫) 130
샌프란시스코강화회의(조약) 74, 80
생성유물론(spontaneous materialism) 29
서양 26, 49
'세계사적 입장과 일본' 좌담회 111
세계화(globalization) 13
세이난전쟁(西南戰爭) 61
수신(蘇新) 158~161

쉬주쩡(徐祖正) 130
슈미트, 카를(Schmitt, Carl) 32~36, 53, 75
　노모스(nomos) 33, 34
　『대지의 노모스』 33
　『육지와 바다』 32, 34
　『파르티잔』 34, 53
스기타 히데아키(杉田英明) 46
시바 료타로(司馬遼太郎) 61
신민회(新民會) 136
실정성(positivity) 18

ㅇ

아날학파 20, 21, 38
아라 마사히토(荒正人) 113, 119
아민, 사미르(Amin, Samir) 27~30, 42
　『유럽중심주의』 27, 29
　조공체제(tributary mode) 28~30
아베 고보(安部公房) 82
　『막다른 길의 표지판』 83
　『짐승들은 고향을 향한다』 83
아쿠타가와 류노스케(芥川龍之介) 65, 66, 68
　「지나 여행기」 66, 68
아편전쟁 64
알튀세르, 루이(Althusser, Louis) 36~40
　『맑스를 위하여』 36, 39
　『자본론을 읽는다』 38
　중층결정(overdetermination) 37, 40
애치슨, 딘(Acheson, Dean G.) 72

야마가타 아리토모(山縣有朋) 62, 63
야스다 요주로(保田与重郎) 130
에피스테메(épistémè) 23
「오개조어서문」 120
오리엔탈리즘 44
55년체제 85
오오카 쇼헤이(大岡昇平) 82
　『포로기』 82
오자키 호쓰미(尾崎秀實) 70
　「'동아공동체'의 이념과 그 성립의 객관
　적 기초」 70
오족협화(五族協和) 69
오카쿠라 덴신(岡倉天心) 58
　『동양의 이상』 58
오키나와 80~81, 85, 159
와다쓰미회(わだつみ會) 86
왕자오밍(汪兆銘) 69
요네야마 리사(米山リサ) 171
요시다 쇼인(吉田松陰) 64
요시모토 다카아키(吉本隆明) 78
요시미 슌야(吉見俊哉) 81
우메사오 다다오(梅棹忠夫) 89
　「문명의 생태사관」 89
월러스틴, 이매뉴얼(Wallerstein,
Immanuel) 21, 24, 50
위치짓기(positioning) 25
「윌슨 40개조」 67
6자회담 174
윤동주 59, 60
이시하라 신타로(石原愼太郎) 86
「21개조 선언」 67

2·28 사건 158
이익선(利益線) 67
2차세계대전 164
인민지원군 174, 175, 183
인양체험(引揚體驗) 82
　'식민지 토박이'의 인양체험 82~84
일로전쟁 51, 54, 181, 182
일본낭만파 113
일조수호조약 64
1차세계대전 67
일청전쟁 47, 52, 54

ㅈ·ㅊ

저우언라이(周恩來) 175
저우쭤런(周作人) 129, 134, 138, 139
　「중국문학의 두 가지 사상」 138
　「중국의 사상문제」 135, 136
　「한문학의 전도」 137
　「한문학의 전통」 137
적대성 53, 54, 94, 101, 115, 116
전쟁문학 163, 164
전후(戰後) 99, 118~119
전후민주주의 78, 119
전후부흥 81, 82
제3인터내셔널(코민테른) 51
제5후쿠류마루 피폭사건 178
조공체제(tributary mode) 7, 28~30
종군위안부 105
주젠룽(朱建榮) 174
　『마오쩌둥의 한국전쟁』 174

중국의 핵실험 178, 181
지리학 19
지역감각 50, 54, 117
천광싱(陳光興) 162
천잉전(陳映眞) 156, 162
「자오난둥」 156
체코동란 36
첸리췬(錢理群) 145

ㅋ·ㅌ·ㅍ

카, 에드워드(Carr, Edward H) 125
『역사란 무엇인가』 125
카이로선언 159
쿠바위기 178, 189
키난, 조지프(Keenan, Joseph B.) 127
탈냉전 13, 41
탈북자 106
태평양전쟁 70, 87, 88
트루먼 독트린 177
팔, 라다비노드(Pal, Radhabinod) 128, 170~171
펑더화이(彭德懷) 176
포스트식민성 95
푸코, 미셸(Foucault, Michel P.) 19, 23, 26, 27, 30, 44
　광기 26
　담론(discourse) 44
　에피스테메(épistémè) 23
　『지식의 고고학』 19, 23, 26

ㅎ

하시카와 분조(橋川文三) 86, 87
　전쟁체험론 86
　「'전쟁체험'론의 의미」 86
하야시 후사오(林房雄) 88
　『대동아전쟁 긍정론』 88
하우스호퍼, 카를(Haushofer, Karl E.) 70, 91
　『태평양 지정학』 70, 91
하트, 마이클(Hardt, Michael) 80
한간(漢奸) → 대일협력자
한국의 민주화 운동 9
한국전쟁 98, 99, 118, 156, 164, 173~176, 190
핵(核) 176
행위수행적(perfomative) 46, 58
헤겔, 게오르크(Hegel, Georg W. F.) 6, 38
　『역사철학강의』 6
후지타 쇼조(藤田省三) 187
　「광기로부터의 해방―쿠바 봉쇄에서 생각한다」 187
후쿠자와 유키치(福澤諭吉) 65, 75
　『문명론의 개략』 65, 75
　「탈아론」 65
흐루시초프 188
히로시마 평화기념자료관 169, 170